CHRONOS

Un camino de transformación
Mujer y Resiliencia

Yolanda González Vara

europa
ediciones

© 2025 **Europa Ediciones** | Madrid

www.grupoeditorialeuropa.es

ISBN: 9791256961252

I edición: septiembre del 2025

Distribuidor para las librerías: CAL Málaga S.L.

Impreso para Italia por *Rotomail Italia S.p.A. - Vignate (MI)*

Stampato in Italia presso *Rotomail Italia S.p.A. - Vignate (MI)*

Foto de tapa: *Donde todo inicia,* acrílico de Naroa Huerta

Un camino de transformación
Mujer y Resiliencia

*A todas aquellas personas que confían en la vida
y que ante la adversidad renacen como el ave fénix.*

Prólogo

Esta es la historia de mi madre, una mujer fuerte y valiente que enfrentó circunstancias difíciles y supo reinventarse una y otra vez. Es revolucionaria, luchadora y creadora de su propio camino, ha dejado huella en cada lugar y persona que conoció.

Como hija y testigo de su vida, comparto su historia, porque me enseñó con su ejemplo lo que significa ser auténtica, valiente y mujer. Para mí, siempre será mi mayor inspiración.

Gracias, mamá,

Saioa

Otro prólogo

Mi colega y amiga Yolanda González, a quien conocí a través de la Red Internacional de Profesionales del Apego, me solicita hacer un prólogo para su nuevo libro. Acepto de buen grado. Conozco bien a Yolanda y su lucha contra el racismo, el genocidio, el maltrato en la infancia, la discriminación, la desigualdad de género y otras formas de injusticia social. Sus ideas y reflexiones siempre contienen compromiso y consistencia.

Yolanda nació en una sociedad, que se ha llamado la "España en blanco y negro". He de decir que pertenezco a la misma generación que Yolanda; de hecho, casi somos coetáneos. A mí también me tocó llegar al mundo dentro de esa sociedad opresiva, en la que yo no podía distinguir el color blanco del negro: todo me parecía gris, uniforme. De hecho, todo estaba dominado y controlado por el yugo de la dictadura franquista, según quedó reflejado en *Calle Mayor*, una obra maestra del séptimo arte, dirigida por Juan Antonio Bardem en 1956. La película, que estuvo a punto de ser estrangulada por la maquinaria censora del Régimen, refleja con ingenio, necesario para eludir dicha censura, la desigualdad de género en la sociedad española de la época. El rodaje comenzó en Palencia, en enero. Sin embargo, el proyecto no siguió el curso previsto. Todo quedó paralizado tras una manifestación antifranquista en Madrid, en la que fue detenido el propio Bardem, junto con otros opositores al Generalísimo. Afortunadamente, ante la presión internacional, Franco tuvo que poner en libertad a Bardem, que buscó un lugar alternativo y eligió Logroño, capital de la provincia de La Rioja, al lado del País Vasco donde nació Yolanda. Eran los tiempos de ¡viva la desigualdad de género!

En *Un camino de transformación: Mujer y resiliencia*, Yolanda tiene la valentía de agarrar –sin ofender a nadie– el toro por los cuernos. Nos invita a acompañarla, a ella y a su familia, en su viaje de supervivencia y crecimiento personal y político. Cruzarás el océano Atlántico con ella, quien, sin haber cumplido los cinco meses de edad, no podía entender qué estaba ocurriendo a su alrededor. Argentina fue su país adoptivo durante ocho años. El regreso a España, a su País Vasco natal, no fue fácil. Sin embargo, su determinación para superar las adversidades se constituyó en la semilla de su compromiso social y revolucionario.

Cuando, ya en los años noventa dio a luz a su hija, se aseguró de que el nuevo ser tuviese la libertad y la igualdad de oportunidades de las que ella había carecido... Y no te cuento más de la película porque quiero que la sigas tú. Te entusiasmará, te identificarás con Yolanda; sentirás sus dudas y admirarás su resiliencia, que también será la tuya. Estoy seguro de que para ella, escribir este libro ha sido una experiencia terapéutica, como lo será para ti cuando lo leas. Te recomiendo que lo hagas para ser mejor persona, más libre y solidaria, y para construir una sociedad mejor. Sin más prolegómeno, te dejo con Yolanda. Disfrutarás de un bello viaje.

Arturo Ezquerro[1]
Londres, 13 de julio 2025

---

[1] Psiquiatra, psicoterapeuta psicoanalítico y grupo-analista; ex jefe de los Servicios Públicos de Psicoterapia (Brent, Londres); autor de 9 libros y de otras 200 publicaciones en ocho idiomas.

Introducción

Tomarse un tiempo, respirar para reflexionar, integrar la riqueza de las experiencias vividas, en esta vida ajetreada y llena de distracciones, es un atractivo aliciente para lograr valorar la cosecha obtenida y la que aún queda por recoger, mientras haya aliento.

Sabemos que somos, en este presente, el fruto de un pasado cargado de colores, olores, sabores, aprendizajes y "des-aprendizajes" diversos. A veces, la vida no resulta fácil y nos presenta espejos diáfanos y dolorosos para que corrijamos el rumbo de nuestro camino antes de que sea demasiado tarde.

Hoy, cada uno de nosotros es el resultado de nuestras experiencias vitales. Pero además, tenemos, en este instante, la oportunidad de continuar explorando en el momento presente, de continuar navegando a través de un universo "impermanente" y de cambio continuo, que nos despierta incertidumbre y nos depara sorpresas.

Llegado a este punto de mi recorrido existencial, me he preguntado varias veces cuál es la motivación verdadera y cuál, la finalidad de escribir esta autobiografía. Incluso mientras escribo mi propia historia, mi mente ejercita la actitud crítica y reflexiva que siempre me ha caracterizado. Soy consciente de ello y, al mismo tiempo, mi voz interna me invita a emprender este relato introspectivo. Son muchas las personas que han escrito historias apasionantes, que aportan al lector la oportunidad de inspirarse, reflexionar y asomarse a lo más íntimo de quien osa mostrarse a los demás directa o indirectamente.

Una autobiografía es un ejercicio de "alto riesgo", pues son muchas las vidas que merecen ser contadas y leídas. En mi caso, escribir en el marco de la psicología tiene el objetivo de ofrecer caminos alternativos que no se ajustan a la modalidad de la crianza y la educación convencionales. Siento una fuerte necesidad de transmitir que el cambio, fundamentado en la esperanza, es realmente posible en una sociedad convulsionada como la nuestra. Confianza y esperanza, nociones basadas en la coherencia de mi formación teórica y profesional.

Escribir ha sido y es un compromiso con la vida, desafiando la vulnerabilidad con la ingenua, pero firme intención de mitigar –o evitar– el sufrimiento estéril que se experimenta desde la infancia en una sociedad neurótica y maltratada. Ingenua, pues parece inevitable que repitamos patrones poco saludables, si no emprendemos un cambio radical. Ingenua, pues, más allá de las consideraciones socio-políticas, el ejercicio de la PAZ en nuestra sociedad globalizada es todavía un ideal lejano y utópico y no, una realidad tangible.

A pesar de todo, la esperanza del cambio nunca se pierde. Si bien es cierto que el sendero de la transformación interior y social no es un camino de rosas. El proceso es intrínsecamente lento, complejo y continuo; dura toda la vida. Muchas personas, no todas las que serían suficientes, hemos elegido transitar esta vía para nuestra existencia, ya sea en el plano personal, ya sea para aportar nuestra contribución desde el ámbito profesional y, como en mi caso, para ser fiel al compromiso con la vida y con la vulnerabilidad. Es así como hacemos la diferencia, construyendo la unidad.

Esta invitación a la transformación permanente no garantiza la eliminación de las piedras del recorrido. Las dificultades inevitables, si sabemos gestionarlas, son estímulos para la superación y nos permiten ampliar nuestra consciencia individual y social.

Es evidente que nuestra sociedad está amenazada por todo tipo de turbulencias, de diversa gravedad. La desigualdad social, la xenofobia, el maltrato infantil y adolescente –entre las tantas disfunciones y psicopatologías que nos llegan a la consulta– ponen ante los ojos la violencia imperante en todos los estratos de la sociedad, sin distinguir entre pobres o ricos, creyentes o ateos, politizados o indiferentes. Ahora se suma la violencia contra la naturaleza, las eco mafias, el derroche de los bienes preciosos que garantizan la supervivencia de animales y seres humanos. El espejo de la naturaleza refleja cotidianamente la crueldad de las relaciones humanas entre los pares y con el medio ambiente.

La PAZ es un deseo y un derecho natural; sin duda, un anhelo, pero muy difícil de alcanzar.

El budismo es la cuarta alternativa espiritual mayoritaria. Más del 7% de la población mundial –más de quinientos millones de practicantes– sigue esta filosofía de vida que propone la introspección, la reflexión, el liberarse de actitudes *"egoicas"* para sentirse uno con todas las criaturas del universo, puesto que todos interdependemos. En este caso, el objetivo es entrar en consonancia con una instancia interna superior anhelando el crecimiento espiritual. Nada de esto es posible si la persona no se conecta consigo misma: en su interioridad que transita el camino de la Paz, trabajando sobre las emociones que atentan contra la armonía y el equilibrio interior –la ira, la violencia, el odio, la negligencia afectiva– que terminan por contaminar el propio entorno más inmediato. La proyección de tales emociones es potencialmente destructiva para quien las experimenta. El mismo objetivo inspira y motiva el abordaje psicoterapéutico: una guía profesional para elaborar y, por tanto, sanar heridas, conscientes e inconscientes, mediante un proceso de transformación progresiva.

El proceso de cambio tiene una condición ineludible: partir de la Paz interior. Se torna intolerable convivir con la violencia y con la destrucción sistemática que de ella deriva. Estamos inmersos en noticias sobre crueles conflictos bélicos. Mientras estoy escribiendo, hay unos 56 conflictos armados activos a nivel mundial, entre guerras civiles, internacionales, "ataques preventivos", "acciones disuasivas", etc. Esta cifra es considerada la más alta desde la Segunda Guerra Mundial. Las guerras reflejan el fracaso más lacerante y rotundo del diálogo en la resolución de conflictos. Son el ejemplo sangrante e inaceptable de lo poco que la civilización ha aprendido a través de los siglos, la ausencia total de respeto y reconocimiento del otro. Los individuos a nivel privado y los líderes políticos a nivel mundial se guían por la codicia y el espejismo del deseo de poder: ellos van a terminar una guerra en dos o tres días con una llamada telefónica, van a exterminar de la faz de la tierra a la cultura de los vecinos que consideran una amenaza, van a "volver de nuevo grande" un país determinado (para que eso suceda, han de empequeñecer a otros), privan del pan a los vulnerables. El vacío y la desesperación en la sociedad son tales que, muchas veces las naciones entregan su confianza a seres con enfermedades mentales graves, que prometen salvar al mundo o a un grupo determinado. El problema es que tales líderes y su entorno de colaboradores son impermeables al sufrimiento que generan o permiten que padezcan otros seres humanos. Ignoran o simulan ignorar que la civilización mundial es una hermandad, en la que la diversidad y la pluralidad enriquecen a toda la humanidad, más allá de las clases sociales y el patrimonio económico que en cada período tenga cada grupo.

En contraste con la pobreza y el hambre, con la ausencia de instrucción y de servicio sanitario para millones y millones de personas, el avance de la tecnología y su implacable e invasiva presencia, poca cosa parecen aportar a la defensa de los valores humanos esenciales. No hay legislación clara para el uso y abuso de Internet, para la peligrosa utilización irresponsable de la IA, para la clonación de animales de compañía, para tantos experimentos que parecen ofrecer un porvenir poco atractivo a la empatía, el respeto y la solidaridad.

Escribo con el deseo de que mi historia sirva para que no se hagan perpetuos los modelos educativos intergeneracionales; para favorecer la creación de bases más saludables y sostenibles para la especie humana; para sembrar en tierra fértil, que son mis lectores, semillas de bienestar y solidaridad; para recordar que todos los seres humanos dependemos los unos de los otros, que la naturaleza depende de nosotros y nosotros, de ella. Estas ideas, con diferentes matices, han sido y son mis puntos de referencia para transitar la vida.

Mi experiencia de años de atención en la práctica individual privada y pública, la formación, las conferencias y los talleres impartidos constituyeron el material que reuní en mi primer libro sobre clínica y prevención. Libro al que, cada lustro, han seguido otro y otro. Gracias a ellos mi experiencia profesional se comporta como el agua de un río que busca inevitablemente la salida al mar, ofreciendo el riego a sedientos campos de profesionales, padres y docentes. En ciertos ámbitos, las etapas cruciales del desarrollo integral y profundo de la infancia y la adolescencia poco se conocen y aún no se realiza el adecuado y respetuoso acompañamiento en los procesos psicoafectivos que correspondería.

Escribo mis libros para irrigar el campo del conocimiento, incentivar el cuestionamiento, poner en marcha la búsqueda de alternativas más sanas y satisfactorias, tanto para mí misma como para la sociedad. Este es uno de los propósitos principales de mi vida. Me preceden en esta humilde aspiración muchos y grandes maestros en el arte de la Psicoterapia –algunos, coetáneos–, celebridades y genios, a los que admiro y agradezco con humildad toda su sabiduría y su entrega en el arte de explorar y comprender la psique humana. Estos autores y profesionales de psicología clínica constituyen un antecedente y referencia imprescindible en la profesión, desde la perspectiva teórica y de la práctica clínica. La psicoterapia es EL ARTE en el abordaje y elaboración de traumas y carencias infantiles, propios del tiempo en que hemos nacido.

También deseo expresar mi reconocimiento y mi infinita gratitud dirigida al plano de la espiritualidad, al conocimiento profundo que he obtenido de la psicología budista para liberar a los seres del sufrimiento, gracias a mi querido maestro Tich Nath Hanh.

Pues bien, después de plantearme algunas dudas y de reflexionar sobre el pudor que me surgía ante la idea de exponer mi historia personal y profesional, decidí lanzarme en esta aventura un tanto atrevida.

Mi mayor resistencia se centró en el tema del Ego. A pesar de los años de psicoterapia personal y de práctica en el plano espiritual, mi actitud crítica me hacía dudar sobre la conveniencia o no de lanzarme en este terreno desconocido. Mi duda se traducía en preguntas: "¿tiene sentido escribir episodios de mi vida?, ¿para quién?, ¿qué puedo realmente aportar?, ¿ayudará a las personas que vayan de mi mano en esta historia a superar la impotencia, el miedo o el desánimo?" Finalmente, leí las memorias de mi padre, escritas sin ningún objetivo específico, excepto el de compartir su relato existencial, y decidí seguir adelante con la introspección de mi vida.

Mi padre era un hombre decidido, crítico y con muchas experiencias para su época. Mi madre falleció en 2008, después de años de un brutal Parkinson. Él la sobrevivió dos años exactos, hasta el 2010. Durante ese periodo, a sus 84 años, la ilusión que todavía mantenía por viajar y experimentar nuevos horizontes se fue eclipsando por problemas de salud y de soledad. Cuando declinó mi invitación para que se trasladara a nuestra casa en Altea, en Alicante, lo animé a que escribiera sus memorias: su legado prometía ser muy interesante y valioso para hijos, nietos y biznietos. Con esta misma motivación yo puse manos a la obra. Me dije que, quizá, mi libro biográfico, lejos de ser un tratado de psicología, pueda inspirar o, incluso, ayudar a otros a confiar en la propia resiliencia ante las adversidades de la vida. Tal vez, mi relato transmita el impulso vital que me inspira y contribuya a la transformación de otros seres en el camino de cada uno, camino donde la única certeza es la de que todo cambia.

Me llevó quince años iniciar la lectura de las memorias de mi padre, manuscritas con una letra impecable que nada tiene que ver con mi ininteligible escritura. A través del viaje de su lectura, y más allá de que era un padre con las limitaciones de su propia historia personal, se renovaron en mi corazón la gratitud por los valores tan arraigados en su intensa vida y que, ahora, reconocía presentes en mi propia historia: la lealtad, la coherencia y el valor de la palabra. Mi madre no pudo ni supo escribir sus memorias. Sin embargo, mediante el relato paterno, pude identificar, más allá de las imperfecciones de su rol maternal, su admirable fuerza vital y su total implicación en nuestra crianza, consideradas las limitaciones educativas de aquella época. Su amor maternal y su entrega son cualidades que me ayudaron en mi propia maternidad.

A ambos les agradezco su presencia y su sostén. Mi vida tomó un rumbo diferente por múltiples y variados factores, como es normal que sea en el devenir de los hijos. Sin embargo, el fallecimiento de ambos no ha borrado la unión intangible que permanece imperturbable en el tiempo a través de un hilo invisible: el vínculo, esa característica afectiva que representan un legado esencial en nuestras vidas y que da continuidad a todas las interacciones en nuestra existencia.

Y mencionando el vínculo afectivo, es inevitable que nombre el mayor regalo que me ofreció la vida: conocer a través de la crianza de mi hija, el amor incondicional.

Capítulo 1
Iniciación

Al llegar a la cordillera de los Andes, el agotamiento producido por las once largas horas de vuelo se convirtió de pronto en sobresalto y temor. Una tormenta eléctrica de gran intensidad generó una furiosa turbulencia, por lo que nuestro avión comenzó a tambalearse y a perder altura, y todo el equipaje comenzó a desplazarse entre los pasajeros que gritaban desesperados.

Los rayos eran constantes, la noche muy oscura y el descontrol del avión impedía retomar la calma.

Me mantuve en silencio, paralizada, frente a los gritos *in crescendo* de los pasajeros. No sabía qué hacer, salvo centrarme en mi respiración como único salvavidas.

Pensé en mis padres. Recordé el rostro de ambos en nuestra despedida, mostraban cierta ambivalencia, cierta preocupación mezclada con dosis de confianza ante semejante aventura, en una época en la que todavía no existían los móviles. Partí con mi amiga María de mi ciudad natal con la ilusión de comenzar este viaje soñado por Latinoamérica. Mientras el avión se movía como una hoja de papel sin rumbo, no pude evitar pensar en cuánto sufrirían si el vuelo desembocara en un final fatal: el dolor desgarrador que podrían sentir en caso de que tuviera un accidente aéreo.

Vimos como los Andes se iluminaban intermitentemente y de forma impactante ante cada rayo fulgurante. Mi corazón se congeló al ver que las azafatas lloraban porque el avión parecía fuera de control. No sé cuánto tiempo pasó. Para mí, una eternidad. Las imágenes del trágico accidente en los Andes, cuando en 1972 se había estrellado el avión en que viajaba el equipo de rugby uruguayo, también se me presentaron en la mente, sumando desconsuelo a mi angustia. Finalmente, después de interminables angustiosos minutos, el piloto pudo retomar el control del avión y aterrizamos en el aeropuerto de Santiago de Chile. Esa era la primera escala para luego continuar hasta Buenos Aires, nuestro primer destino. Al llegar a tierra firme, muchos de los pasajeros se arrodillaron en la tierra y la besaron, algunos aún temblorosos y con lágrimas en los ojos. Sentí que la vida nos ofrecía una nueva oportunidad y respiré aliviada.

Después del impacto inicial, María y yo nos dirigimos a la zona donde teníamos que embarcar para el segundo vuelo hacia Buenos Aires; no estábamos con el mejor ánimo para volar después de semejante experiencia. De pronto vimos una multitud de policías y cientos de niños y niñas rápidamente llenaron la sala de espera principal. Con un gran despliegue acordonaron la zona, esperaban a un personaje importante. No tardamos en darnos cuenta de quién se trataba: Pinochet. En segundos, pasamos del estrés del pasaje por los Andes al de estar frente a un dictador. Jamás había pensado que lo vería tan cerca. Se me revolvieron las tripas por el horror que había sufrido y aún padecía el pueblo de Chile. ¿Y qué hacían allí, tantas criaturas juntas? Enseguida lo comprendí: recibir al cruel dictador con delicadas sonrisas y canciones patrióticas.

Después de estos dos episodios inesperados que nos daban la bienvenida a esa América Latina convulsionada por las feroces dictaduras que se habían erigido por todo el continente, pudimos retomar el viaje a la capital de

Argentina. Sabíamos que ese sería el primer destino de muchos en nuestro recorrido, pero no teníamos certeza de a cuántos ascenderían en total: teníamos claro que llegaríamos a donde el tiempo y el poco dinero que llevábamos nos lo permitieran.

El dinero disponible para el viaje era, de hecho, un monto pequeño que habíamos ahorrado, mes a mes, y que planeábamos administrar meticulosamente con un ajustado presupuesto diario. Nuestra precaria economía nos hizo ser conscientes, desde el inicio, de que el principal medio de transporte, pese a las grandes distancias, sería el autostop. Por otro lado, antes de partir habíamos aceptado que inevitablemente nuestra alimentación diaria consistiría en fruta y bocadillos comprados en mercadillos, tanto por una cuestión económica como por seguridad alimentaria. Sin embargo, cotidianamente nos concedimos el privilegio del agua embotellada, para evitar contaminaciones y problemas de salud.

El viaje estaba tan repleto de incertidumbres como de ilusiones.

Allí me encontraba, cumpliendo un profundo e intenso anhelo: regresar a Argentina, la tierra de toda mi primera infancia. Y desde ese reencuentro con mi historia infantil, lanzarme a explorar todas las tierras desconocidas que mi curiosidad y economía me permitieran. Con tan solo veinticinco años, una mochila de color naranja de 19 kg, mi fiel compañera de todo el viaje, me sumergí durante meses en un viaje iniciático. Me precedían la muy dura, pero enriquecedora experiencia de mi pasado a nivel social y una clara confianza e ideales en la vida.

María –mi compañera de viaje– y yo éramos compañeras y amigas desde el Bachiller, cuando teníamos catorce años. Después, durante algún tiempo nos habíamos visto con menos frecuencia, hasta que nos reencontramos, ambas, con el deseo de explorar nuevos caminos. El viaje por Latinoamérica, que ambas anhelábamos por diversos motivos, nos unió. Si bien queríamos explorar diferentes culturas, teníamos consciencia de los potenciales peligros, por lo tanto sabíamos que debíamos planificar meticulosamente nuestra aventura.

Mi motivación para el viaje era muy fuerte. Yo provenía de unos años muy grises, en los que, en ocasiones, una densa nube de tristeza y desconsuelo inundaba mi estado emocional. Me costó muchos años lograr superar el desarraigo y la pérdida de vínculos afectivos cuando, tras una decisión familiar, me encontré separada de Córdoba, Argentina: a mis ocho años de edad volvimos al País Vasco y tuve que dejar mi ciudad adoptiva, la que me había recibido cuando tenía apenas cuatro meses de vida. Por años arrastré el dolor que me había embargado al abandonar Argentina. Durante los primeros tiempos echaba mucho de menos a una prima y, también a mi "novio" de la infancia, Iñaki. En nuestra despedida de niños le había prometido que volvería y, en aquel acto, también me lo había prometido a mí misma. Ahora, con veinticinco años, estaba cumpliendo el compromiso.

María conocía que yo deseaba desde niña regresar a Argentina. Así que, llegado el momento, no dudó en unirse al proyecto del gran viaje. Ella también quería descubrir otras culturas. No era nuestro primer vuelo juntas a otro continente. Dos años antes de embarcarnos en este apasionante recorrido, habíamos decidido conocer Cuba, pero en condiciones "más normalizadas", si bien ese viaje no estuvo exento de ciertos sobresaltos. Estábamos deseosas de descubrir la forma de vida cubana en todos los ámbitos: culturales, sociales, económicos y educativos. Nuestras expectativas no solo se cumplieron, sino que fueron superadas. Vivimos una experiencia intensa, ya que a través de un miembro del Partido conocimos en directo la forma organizativa de cada sector. Fueron días enriquecedores pero arriesgados: estuvimos a punto de ser detenidas por intromisión en el funcionamiento estructural y social del país; tuvimos la fortuna de evitarlo gracias a la intervención de un joven influyente a nivel político.

Por lo tanto, era nuestro segundo viaje a otro continente, sin embargo, este tenía características diferentes. Pensábamos recorrer Latinoamérica de sur a norte, sin destinos precisos ni etapas establecidas, tal y como lo recorrió el Che Guevara, nosotras, sin motocicleta. Al final, llegamos bastante más lejos que Perú. Por otra parte, mi amiga no tenía ni siquiera fecha de regreso. De hecho, se quedó viviendo en México por veinticinco años. En cambio, mi retorno estaba voluntariamente condicionado por un límite temporal: los exámenes de primer año de la carrera de Psicología.

No había tenido la oportunidad de estudiar antes, por razones económicas y presiones familiares. Pertenecía a una familia con sólidas convicciones de izquierda, pero con los tintes machistas de la última etapa franquista. En especial, mis dos hermanos mayores se habían opuesto a que yo estudiara en la universidad, pues consideraban que mis aspiraciones eran demasiado burguesas para una familia obrera. Ambos habían decidido trabajar muy pronto y seguir formándose en horario nocturno. Por esta restricción, tuve que comenzar a trabajar desde muy joven, con dieciocho años, y renunciar inicialmente a la universidad. Como mis hermanos estudié en horario nocturno, una salida profesional que nunca me satisfizo si bien se transformó en primera experiencia laboral: administrativa. En mi familia me dieron sólo dos opciones: Administración o Enfermería. Entonces, con diecinueve años, accedí a las oposiciones en el ámbito de la administración de la Mercedes Benz. En aquel momento yo ya contaba con una sólida base ideológica de izquierda adquirida en mi entorno familiar. Mis ideales me llevaron a involucrarme en la defensa de los derechos de los trabajadores y, por cinco años, atravesé huelgas, represión, cárcel, huidas y vida en la clandestinidad. Esos años arrolladores, de gran aprendizaje vital, y otras experiencias dolorosas vividas en el ámbito laboral me condujeron, con el tiempo, a un estado de desilusión ideológica e inevitable introspección.

Había llegado el momento de recomenzar, de hacer lo que siempre había querido: estudiar. Pero, antes deseaba alcanzar esa "asignatura" pendiente: el viaje de mis sueños. Y allí estaba, con esa historia detrás, a punto de reencontrarme con el país de mi infancia. Llevaba conmigo una mochila naranja, un saco de dormir, ropa para distintas estaciones, una cámara de fotos y una herida que sanar. En aquel momento desconocía que la experiencia aérea sobrevolando la cordillera de los Andes no iba a ser la única turbulencia que experimentaríamos: aquel viaje iba también a zarandear mis creencias y prejuicios, transformando y cuestionando mi percepción de la vida y de la sociedad.

Capítulo 2
Infancia y emigración

Mi primer gran viaje fue a bordo de un transatlántico rumbo a una desconocida y prometedora Argentina. No recuerdo nada de aquella experiencia, contaba tan sólo con cuatro meses de vida. Mis dos hermanos mayores, mi madre y yo atravesamos el inmenso océano Atlántico en un largo viaje de veintiún días. Ella, joven y valiente, se embarcó con sus tres hijos pequeños –mis hermanos tenían seis y cinco años y yo era una bebita recién nacida– para reencontrarse con su marido en un destino lejano y totalmente nuevo. No había móviles ni otro medio de contacto directo; la distancia era enorme, pero mi madre llevaba consigo la firme determinación de que íbamos a llegar a destino. Mi padre había emigrado meses antes, como tantos otros, en búsqueda de un futuro mejor.

En mi familia, inmersos como estábamos en plena era franquista, las razones para emigrar, además de las económicas, eran de índole política. Argentina se presentaba como el país acogedor, recibía con apertura todo tipo de emigrantes que llegaban por doquier. Su economía en desarrollo celebraba especialmente a las personas cualificadas profesionalmente, como mi padre. ¡Qué gran diferencia con el maltrato que padecen hoy los inmigrantes, desprotegidos y desprovistos de los mínimos derechos humanos! En pocas décadas, "inmigrante" se ha convertido en sinónimo de "delincuente". Se los persigue como a criminales o se les da la espalda. Se ignora que son seres humanos que huyen del hambre o de las guerras y que ejercen su derecho a construirse una vida digna y justa, más allá de su procedencia, etnia o religión. Nadie escapa, si está bien en su tierra natal.

En aquel contexto de emigración, el reencuentro familiar después de varios meses, separados por el océano y las circunstancias, finalmente se produjo en la ciudad de Córdoba. Allá mi padre había encontrado un nuevo hogar para toda la familia. Fuimos acogidos sin reservas y, muy pronto, toda la familia se impregnó de bienestar y de alegría. Eran años de prosperidad. Ese primer viaje, que hice siendo una tierna bebé, fue la antesala de muchos otros. El siguiente lo hice cuando tenía seis años.

Ya había transcurrido un buen tiempo desde nuestra llegada a Argentina, cuando mi padre decidió volver temporalmente al País Vasco para verificar si las condiciones locales habían mejorado en Vitoria. Era un viaje exploratorio que tenía como objetivo valorar la posibilidad de nuestro posterior regreso como familia. Mi madre consideró que este viaje representaba una buena oportunidad para que yo lo acompañara y conociera a las familias paterna y materna. Así fue como nos embarcamos, mi padre y yo, en una nueva travesía por mar y tierra.

Después de atravesar de nuevo el océano, nos instalamos por cuatro largos meses en ese "País" que decían que era el mío, pero a mí resultaba tan lejano como extraño. Mi mente infantil no podía imaginar lo que me esperaba, aunque al comienzo me parecía divertido ir con mi padre. Años más tarde asocié este viaje de cuatro meses con una compensación: la vida nos ofrecía la oportunidad de llenar la laguna de mis primeros cuatros meses que había pasado sin su presencia, con otros cuatro meses en su compañía: el tiempo que duró nuestro viaje al País Vasco. Guardo en mi retina de niña de seis años el desplazamiento del barco de enormes dimensiones, deslizándose miles de kilómetros sobre aguas a veces ondeadas por olas pacíficas y otras, muy turbulentas, pero siempre de un color azul oscuro intenso. ¡Mi mirada se perdía en la inmensidad de aquel océano! Estaba impaciente por llegar y salir de aquel enorme transatlántico, similar a una ciudad con varios pisos, pero en incesante movimiento.

La experiencia de veintiún días de navegación, seis años después del primer viaje de bebita, quedó en mi memoria sensorial: el peculiar olor a petróleo de las máquinas, el vuelo de las gaviotas persiguiendo los restos de comida y el movimiento continuo y aburrido del vaivén del barco que avanzaba por el eterno océano. Los días transcurrían monótonos, sin compañeras de juego ni la tierra firme que tanto añoraba. Tampoco las habituales fiestas en el barco, ni tan siquiera que me eligieran "reina infantil" al atravesar el Ecuador, me aliviaban la sensación de estar encerrada en un espacio enorme, rodeada de mar, yendo hacia un destino que no me interesaba.

Durante la estancia en Vitoria conocí el frío del invierno y la novedosa nieve, nunca vista en Córdoba. Sin embargo, sentía que ni la ilusión de lo nuevo ni la nieve de la ciudad, por no mencionar la cultura del País Vasco y el contacto con mi recién conocida familia, eran suficientemente estimulantes para mí. Aun así, mi carácter curioso y abierto me llevó a establecer ciertos vínculos con mis desconocidos primos coetáneos, con quienes, al menos, podía volver a jugar. Era muy observadora, además de participativa, y me sorprendía casi todo por lo novedoso y extraño que era para mí, aunque mi deseo infantil estaba centrado en el regreso a mi casa en Córdoba. Lo que me causaba constante sorpresa era el tono brusco de los diálogos que escuchaba. Pensaba con frecuencia: "¿por qué todo el mundo está siempre enfadado cuando habla?". Sentía el gran contraste con la entonación dulce y cantarina de Córdoba, que tanto añoraba.

Después de esta visita a la península, mi padre decidió que en tan sólo un par de años más, regresaríamos definitivamente y con toda la familia. A pesar de que había comprobado que las condiciones socio-políticas del País Vasco no eran mucho mejores que cuando habíamos partido hacía ocho años, también era consciente del objetivo esencial del regreso conjunto de toda la familia. Y para ello, debíamos hacerlo pronto, según su percepción. De lo contrario, corríamos el riesgo de que mis hermanos mayores se establecieran o casaran en Argentina y, por lo tanto, la familia quedaría separada por el gran océano, como ocurría en otros casos conocidos. Yo aún era muy pequeña para que me consultaran sobre cualquier decisión, así que lo único que supe cuando finalizó del viaje de cuatro meses, era que por fin regresábamos a mi amada Córdoba, allí estaba toda mi infancia y mi vida.

Al volver de aquel periplo por Europa, inicié a la edad de seis años la escolarización en una escuela laica, como estaba previsto. Nunca había ido a la escuela. Aquel verano, mi madre me enseñó algunas letras y números. Yo tenía muchas ganas de aprender. Sentía mucha emoción y alegría al dar este primer paso. Hacía años que mis hermanos mayores iban a la escuela. ¡Ahora me tocaba a mí! Recuerdo con nitidez, mi bata blanca y los lazos de colores variados para la coleta, que cada día peinaba mi madre. Todo era novedoso y me invitaba a descubrir otro universo más con ilusión. En mi primer día de clases, la maestra preguntó:
—¿Quién sabe escribir las vocales?
Después de que pasaran varios voluntarios, no olvidaré

que cuando llegó a la vocal "O", levanté la mano sin temor. Me invitó como a los otros a subir a la pizarra, tiza en mano, donde escribí confiada la supuesta "O". Sin embargo, la maestra, con una sonrisa, me corrigió:

—Se parece, pero... has escrito un cero.

No entendí la diferencia, hasta que aprendí que existía la caligrafía. ¡Faltaba el "rabito" de la parte superior!

Cada mañana me levantaba con entusiasmo para ir a la escuela, jugar en el patio y aprender a escribir y a leer. He vuelto muchas veces a visitar aquella escuelita, todavía hoy en funcionamiento. En cada una de esas ocasiones, las maestras me permitieron entrar en el aula y, amablemente, me presentaron a las niñas y niños de seis añitos que miraban con curiosidad, mientras la maestra anunciaba:

—Viene de España, y estudió aquí cuando tenía vuestra edad.

Durante esta etapa de escolarización en Argentina, un día fue diferente y sorprendente. Lo recuerdo como si fuera hoy. Para mí era un día más. De pronto, me invitaron a acudir a la sala de la directora. Me asuste un poco. Como es natural, no entendía nada de lo que estaba sucediendo en ese despacho, mientras mi perplejidad iba en aumento: tenía apenas siete años y acababa de regresar del viaje del País Vasco. Allí estaba yo, yendo hasta la dirección del Centro donde recibí la noticia de que había sido elegida representante de toda escuela para llevar flores al general Sarmiento. Estando en esa sala, mi desconcierto fue *in crescendo* al escuchar como discutían animadas la directora y las otras maestras:

—No es argentina, ¡es "gallega"! No puede ser ella quien presente esta ofrenda –protestaban dos maestras.

Así "gallegos", nos llamaban a todos los inmigrantes españoles, independientemente del lugar de procedencia.

—Pero mírala, por favor, ¡es la niña adecuada! –les respondían la directora y otra maestra.

Recuerdo mi rubor y el deseo de salir de aquella sala. A mí me daba igual toda aquella discusión, sólo quería jugar. Finalmente, los halagos de algunas profesoras por mi actitud y la pulcritud con la que mi madre me enviaba cada día inclinaron la balanza para que fuera la elegida. Sería la representante infantil para trasladar las flores a un monumento que, para mí, no significaba nada. No me agradaba la idea, pues no sabía qué debía hacer. Me horrorizaba sólo por imaginar que sería la primera en abrir la comitiva, dirigiendo el recorrido a través del parque, seguida de toda la escuela y la música de la orquesta. Por suerte, la dirección me asignó para ese evento el apoyo de dos alumnos mayores, hermanos, gemelos, quienes colocados con discreción detrás de mi personita desorientada, guiaron todo mi recorrido: "recto, a la derecha, continua, ahora a la izquierda", escuchaba con mucha atención la información susurrada por mis compañeros. Gracias a ellos pude llevar las flores, sin perderme, hasta los pies del monumento al general Sarmiento, depositarlas y emprender el regreso, por fin, a la escuelita.

Los primeros ocho años de vida en Córdoba fueron inolvidables. Pasé mi primera infancia en un entorno expansivo y seguro en un barrio periférico que jamás olvidé a pesar de los años y de la distancia. Las fiestas en mi casa o en el Centro Republicano al que pertenecía mi padre, con otras familias emigrantes de Galicia, Andalucía, Castilla y de cualquier punto de un país para mí lejano, eran muy frecuentes. Celebraban la vida con comidas y cenas amenizadas por diversos bailes que incluían, por supuesto, el tango argentino. ¡Quedaba realmente atónita cuando eran mis padres los que bailaban! No cabe duda, de que ese es el origen de mi aprendizaje –siempre como principiante– de tango argentino.

El clima maravilloso invitaba a disfrutar de los picnic en los ríos cercanos y a las interacciones habituales con otras familias en condiciones similares. No todo era idílico en el río, sobre todo con mis hermanos mayores: disfrutaban haciéndome "ahogadillas" cuando mis padres estaban distraídos. Según cuentan, en una ocasión mi padre tuvo que rescatarme del río cuando vio que me arrastraba la corriente. Por suerte, me vio flotar porque el río fluía despacio, pero el susto fue monumental. En mi barrio las casitas de una planta estaban construidas de manera sencilla, la carretera estaba todavía sin asfaltar y los árboles eran parte del decorado natural. Cualquier rincón se convertía en una zona libre de juego no estructurada, de esas que ya no quedan en las grandes ciudades ni en muchas zonas rurales.

Durante años, mi tío, hermano de mi padre, y su familia, vivieron en el mismo barrio. En esa etapa y dado que mis hermanos eran mayores, mi prima, de mí misma edad, era como una hermana. Crecimos juntas. Sin embargo, poco podía jugar con ella por las restricciones de juego que se daban en su familia. Ellos la educaban de manera más convencional, lo que incluía su obligación de ayudar en las tareas de casa desde muy pequeña. En cambio, en mi casa, mi única responsabilidad era jugar.

Un verano, alquilamos una casita de campo en Capilla del Monte. De nuevo mi valiente madre se quedaba sola, con sus tres hijos y sus dos sobrinos, en una casa de la sierra de Córdoba. Huíamos del calor de la ciudad mientras mi padre se quedaba trabajando. Todas las noches, el ritual de seguridad era el mismo: mi madre ponía toallas debajo de las puertas para que no entraran arañas y escorpiones. A lo lejos, se oía a los gatos monteses. Yo me sentía segura, protegida por las precauciones de mi madre, aunque hubiera preferido un lugar sin tantos sobresaltos.

Una mañana de calor decidimos ir al río. El camino se hacía largo cuando de pronto oí un grito: "¡¡Quietaaaa!!", mientras mis hermanos de repente me levantaban en volandas. No me dio tiempo a reaccionar: en la mitad del camino había una tarántula que iba atravesando y compartiendo nuestro sendero, compañía indeseada y bastante peligrosa. Hasta ese instante no la había visto; todavía en el aire, sujetada por los brazos, la miré: era grande y peluda. Para una niña chiquita como yo, resultaba muy grande y fea. La llamaban "araña pollito" y nunca la olvidaré. Mi hermano mayor la aplastó con una piedra y continuamos el trayecto hasta el río. Ahí quedó la anécdota para la familia, salvo para mí. Desde entonces, me desagradan las arañas, por pequeñas que sean.

De regreso a nuestra casa en Córdoba, la costumbre de salir y jugar en la calle sin temor y con libertad, me permitió conocer a mi amigo Iñaki, dos años mayor que yo. Hijo de una pareja de vascos, había nacido en Bolivia. Pronto se convirtió en mi fiel compañero de juegos, aunque éramos considerados por los vecinos con mucha naturalidad como "novietes", porque siempre íbamos de la mano mientras caminábamos por el barrio.

Y así, entre ir a la escuela, los juegos en la calle y las

fiestas de los fines de semana en nuestra casa o en otros hogares, pasaron los temidos dos años anunciados para el retorno. Mi pesadilla se hizo realidad. Mi padre se mantenía firme en su decisión de regresar a nuestra ciudad natal, si bien a ningún miembro de la familia le seducía la propuesta. Aunque la situación económica no había mejorado lo suficiente en el País Vasco, él sabía por el viaje anterior, que por su profesión, el trabajo estaba garantizado. Además, contaba con que la futura venta de la casa de Córdoba nos permitiría comprar una vivienda en nuestra tierra natal.

Cuando nuestros conocidos comenzaron a saber que planeábamos irnos, el cónsul español se comunicó con mi padre para darle una advertencia:
—No debería decirle esto; es información confidencial, pero si usted vuelve directamente a España, al llegar será detenido.

Mi padre, en Córdoba, era presidente del Partido Republicano –declarado por Franco ilegal en España– de los inmigrantes españoles. Una actividad sin grandes repercusiones locales, pero que, de hecho, en España estaba prohibida. Evidentemente, en los tiempos que corrían para la dictadura, podía ser considerada una amenaza. Debido a esta información, el plan de mi padre dio un giro inesperado al viaje. Para hacerles perder la pista de nuestro traslado y evitar la probable represalia, decidió que pasaríamos un año en Brasil. Así dejamos nuestro tranquilo barrio de Córdoba para instalarnos en la enorme ciudad de San Pablo. Si la idea de dejar mi amado lugar me angustiaba, el impacto se multiplicó cuando de pronto entré en contacto directo con una gran metrópoli y con un idioma que no conocía. En Brasil vi muchas cosas por primera vez, desde las tizas de colores hasta una pobreza y una desigualdad social que, a tan tierna edad, me impactaron profundamente.

La realidad imponía otra escolarización. ¡Qué diferente y dura me resultó, en contraste con la experiencia escolar en Córdoba! Mis padres nos inscribieron en una escuela, estando el ciclo lectivo ya iniciado. El primer día nadie me acompañó al aula. Desorientada, me indicaron en portugués que entrara en una clase. Ya sentada en mi pupitre de la segunda fila, la maestra empezó a dictar un texto. Yo siempre había sido una niña aplicada de forma fluida y sin esfuerzo en la dinámica escolar. Pero , de pronto, en esta escuela me enfrentaba a un idioma desconocido, compañeros de clase desconocidos y una profesora a la que no lograba entenderle ni una palabra. Por lo que viví en aquella experiencia, los pequeños emigrantes me despiertan una ternura especial y mucha empatía; comprendo el desconcierto que sienten cuando llegan a otro país y se enfrentan a los choques culturales y lingüísticos sin demasiados apoyos iniciales.

Mi primer día de clase en Brasil, me comporté de una manera insólita. No sabía qué hacer ni qué escribir, así que finalmente, de forma espontánea, me alcé un palmo para ver lo que había escrito el compañero de delante. Era imposible entender aquel idioma nuevo y, en un intento de seguir el ritmo de la clase, copié por primera vez en mi vida. Resultó que lo copiado era nada más ni nada menos que su nombre y apellido. Cuando la maestra y mis compañeros se dieron cuenta, estallaron en risas y yo sentí una vergüenza desconocida, que no había experimentado jamás en la escuelita de Córdoba.

Por otro lado, mis hermanos, ya adolescentes, también se aprovechaban de mi inocencia y de la nueva realidad para hacerme bromas.

—¿Ves ese negrito? ¿Sabes por qué quedó así? Porque le ha dado mucho el sol… –bromeaban–.

Nunca había visto a personas negras. Pensaba que como mis hermanos eran mayores, probablemente debían saber más que yo y, para evitar que me pasara a mí, corría de una sombra del árbol a la otra mientras caminábamos por las calles de San Paolo. ¡Cuánta inocencia!

Era ingenua por mi edad y curiosa, por estos cambios de contexto. Desde muy pequeña hacía preguntas a las personas mayores de mi entorno con frecuencia. Aún hoy sigo haciéndolo cuando algo no me resulta coherente o no entiendo. Por supuesto, no siempre obtenía respuestas; tampoco, ahora. Las raíces de esta tendencia a explorar y reflexionar provenían, en parte, de las conversaciones con mi padre. En casa siempre hablábamos; los temas iban desde la política y la sociedad al intento ilusorio de comprender el misterio del universo. Recuerdo el día, ya viviendo en Brasil, cuando miraba por la ventana y me pregunté: ¿y antes de nacer, dónde estaba? Me formulaba la pregunta filosófica y espiritual que forma parte de la historia de la humanidad.

Cuatro o cinco meses más tarde, mi padre viajó a Argentina para vender la casa que habíamos dejado en Córdoba. El objetivo inicial, consistía en quedarnos unos meses más en Brasil y luego seguir viaje hacia el País Vasco. Sin embargo, un infortunio cambió los planes y nuestro destino. Cuando supe que mi padre viajaría otra vez a Argentina, quise ir con él. Puesto que no me dejaban, le pedí que a su regreso al menos trajera a mi prima. Debí haber insistido tanto, que me aseguró que lo haría. Por obvias razones no fue posible, con mi consiguiente decepción infantil. Sentía mucho la pérdida del vínculo con mi prima-hermana. Este sentimiento me acompañó durante los primeros años del retorno al País Vasco.

Y no fui la única decepcionada. Cuando mi padre regresó de Argentina, decidió entrar a comprarme unas pinturas en una tienda del aeropuerto de San Pablo. Dejó en el suelo la maleta, con sus pertenencias y el dinero de la venta de la casa dentro; se trataría solo de unos segundos. Esos segundos fueron suficientes para que le robaran el patrimonio familiar. Aquello representó una conmoción tremenda para nuestra familia. Durante años, con cierta frecuencia, mi padre contaba como una anécdota irónica de la vida, cómo se había producido el sonado robo y sus dramáticas consecuencias económicas. "Por tu culpa" – solía repetir–, aunque nunca lo tomé en serio. Afortunadamente, continuó comprándome pinturas. La realidad es que semejante suceso marcó inevitablemente los primeros años de nuestro regreso. Este descalabro económico nos puso en una condición peor que la de antes de emigrar. Con las manos vacías, decidió adelantar la vuelta a Vitoria y, después de cinco meses en Brasil en vez de un año, volvimos al País Vasco.

Por mucho tiempo no acepté ni entendí el regreso a Vitoria. Durante años, le recriminé a mi padre que no nos hubiera consultado sobre si estábamos de acuerdo con la ruptura de vínculos y de vida en Córdoba, donde él también había sido feliz. Tuvieron que pasar sucesos muy graves, entre ellos el sangriento golpe de estado del dictador Jorge Rafael Videla en Argentina, para que, años después yo comprendiera el sentido de nuestra partida.

Había un paralelismo atroz entre los acontecimientos de Argentina y los hechos de la dictadura española. Por supuesto que mi padre no conocía en absoluto, y tampoco podía haber adivinado, lo que más tarde su hija pequeña padecería con el franquismo. Yo misma tardé en comprender que, de haber permanecido en Argentina, hoy formaría parte del listado de represaliados o desaparecidos argentinos. Al menos en el País Vasco, si bien se padeció una experiencia igualmente dura e intensa en la misma época, me fue posible seguir con vida.

Capítulo 3
El compromiso social

Con el retorno de la familia a mi ciudad natal, a los ocho años, mi infancia se pobló de tonos grises. Atrás había quedado la primera infancia, con sus colores y aromas intensos. Ante mis ojos, aunque no de en mi memoria, desaparecía nuestra casa de barrio, sencilla, sí, pero impregnada de bienestar y de fines de semana festivos. La sustituía un piso de ciudad, un clima frío y la falta de acceso libre al juego en la calle.

Los choques culturales eran múltiples. En Argentina había crecido alejada de cualquier creencia religiosa. Mis padres eran ateos y yo asistía a una escuela laica, donde jamás se nombraba a Dios, a la Virgen ni al pecado. Aquel no sólo era para mí un territorio inexplorado: simplemente no existía. Cuando nos mudamos a Vitoria, el choque frontal con otra realidad fue tremendamente impactante para una niña de mi edad. En todas las aulas escolares colgaban crucifijos: figuras de un hombre clavado, inmóvil, con la cabeza ladeada y una expresión de dolor que me resultaba incomprensible y profundamente perturbadora. Fue un *shock*, un encuentro abrupto con una dimensión que no conocía y que de inmediato se me presentó como algo solemne, imponente y extraño.

En esa época casi todas mis compañeras de la escuela estaban tomando su primera comunión. Yo debía ocultar la inexistencia de este rito religioso en Argentina, porque mis padres me habían anunciado que si lo comunicaba en ese contexto, sería motivo de exclusión. Sin embargo, conciliar ambas realidades, representaba una contradicción difícil de asumir a esa edad. Un día, movida por la curiosidad, y para evitar ser señalada por mi ignorancia del mundo religioso, decidí ir por mi cuenta a una iglesia. Recuerdo que entré en silencio. Con cierto estupor e incomprensión, observé la alternancia de un movimiento repetitivo de la gente. Las personas se arrodillaban e incorporaban para sentarse o quedarse de pie, mientras murmuraban algo frente a la imagen torturada de un Cristo clavado. Aquella escena no me inspiraba fe, sino temor. Osé probar la experiencia de entrar en un confesionario, sin saber muy bien para qué servía. Cuando el sacerdote me preguntó por mis pecados, no supe qué decir. No entendía el lenguaje. Y él, con voz lenta, empezó a ofrecerme opciones, a cada cual más extraña para lo que había sido mi experiencia vital hasta ese momento:

—¿Cuántas veces has mentido?, ¿y desobedecer? –hasta que, finalmente, una turbia pregunta, me descolocó por completo–, ¿has coqueteado con niños?... ¿te has levantado las faldas, alguna vez para que te vean?

Esa pregunta me bloqueó y me espantó. Salí del confesionario confundida, sin entender nada del mundo de los pecados para la religión católica y sin interés de repetir la experiencia con ningún sacerdote. Más adelante una tía paterna, sabiendo que mis padres eran ateos, decidió regalarme una imagen de la Virgen. Era otra imagen, más cercana y menos tenebrosa que el Jesús crucificado. La llevé a casa con cierta inquietud, ignorando la reacción de mis padres. Sin embargo, mi padre, al verla, soltó una carcajada que me desconcertó. Con una sonrisa cómplice, me preguntó:

—¿La quieres poner en la casa?

Asentí con timidez y curiosidad. Me la instaló frente a la pared de mi cama. Durante muchas noches, le hablé en susurros a esa imagen, para pedirle que, por favor, hiciera algo, cualquier cosa, para que yo pudiera creer en ella. Dejé de insistir y ahí finalizó mi intento de comprensión del mundo del pecado, el infierno y la religión católica.

En contraste con los asuntos religiosos, las conversaciones habituales en mi casa se centraban en el análisis de las injusticias en relación con todo tipo de temas sociales y políticos que, a esa edad, apenas lograba entender. Aquellos años desde nuestro regreso a Vitoria fueron de penuria económica y limitaciones. Cuando mis hermanos cumplieron los catorce años, primero el mayor y más tarde el segundo, decidieron abandonar los estudios y colaborar con la precaria economía familiar. Cuando me aproximaba a esa misma edad, temía por las consecuencias inmediatas ya anunciadas. Mis hermanos insistían en que yo debía correr su misma suerte e iniciar mi vida laboral. Pero aquel mandato, reiterado como un presagio por parte de mis hermanos, estaba muy lejos de mis aspiraciones internas: estudiaba bachiller y deseaba continuar en la Universidad. Mi deseo manifiesto generaba la marcada oposición de mis dos hermanos, pues consideraban que mi intención era marcadamente "burguesa".

Sentía una absoluta falta de empatía por parte de ellos y, poco a poco, se iba gestando en mí un sentimiento de impotencia y malestar ante la renuncia impuesta. Por otro lado, conocía perfectamente la posición socio-política de la familia. De ningún modo podía permanecer indiferente a sus críticas, mientras que una voz interna y rebelde me reafirmaba que estudiar en la universidad no era una aspiración vanidosa ni burguesa, sino el derecho incuestionable de cualquier estudiante. Pero ahí se erigía, frente a mí, el obstáculo económico, infranqueable al menos en aquel momento. Como adolescente, me resistía a entrar en una fábrica a mis quince años. No podía aceptar que me obligaran a interrumpir mis estudios, por muy justificado que me lo presentaran, cuando mi porvenir aún estaba sin definirse. Pero la presión fue en aumento y, en medio de una evidente crisis existencial, a los catorce años y medio, por decisión propia abandoné los estudios en la mitad del curso.

Al día siguiente, mi padre me acompañó a buscar trabajo por algunas fábricas. Dejé mi inscripción en algunas, a la espera de la temida llamada. Sin embargo, pasados unos días desde que no iba a la escuela, mis padres recibieron una citación del Instituto que daría un giro inesperado. La dirección del Instituto, compuesto por profesorado laico, estaba representada excepcionalmente por una monja. Se distinguía por su carácter rígido y distante y por tanto contaba con poco aprecio entre los adolescentes. Ella fue la encargada en contactar a mis padres. Esta misma religiosa daba clases de latín y siempre tenía unas palabras de llamada de atención hacia el despiste de algunos alumnos, entre los que me encontraba yo. Era fácil distraerse en plena adolescencia cuando, sentada en la última fila cerca de una gran cristalera, me volteaba para ver a los chicos que pasaban. Su toque de atención, al menos, era jocoso:
—El enemigo está aquí, frente a vosotros y no detrás de la cristalera, –refiriéndose claramente a su persona.
Más tarde entendí, por supuesto, que los hábitos le habían hecho olvidar a la profesora la revolución hormonal que se tenía en la adolescencia.

A pesar de todo, y en su función de directora, al percatarse de mis inasistencias, decidió hablar con mis padres para señalarles que era un gran error que interrumpiera mis estudios, enfatizando que finalizar todo el ciclo me garantizaría mejores oportunidades en el futuro. Gracias a su intervención, mis hermanos callaron, no sin resistencia.

Aliviada de mi crisis, me sumergí en los estudios y comencé a disfrutar mucho de algunas asignaturas en especial, como historia y filosofía. Disfruté enormemente el último año de bachiller. Mi entusiasmo e interés por el saber estaban en pleno crecimiento, por lo que fue aún más doloroso recibir la confirmación de que allí debía terminar esta etapa: no sería posible para mí acceder a la universidad. No, al menos, mientras dependiera de mis padres. Tampoco pude disfrutar del viaje de fin de estudios, lo cual, aunque representó una fuerte desilusión, no era comparable con la enorme frustración de ver frenado el acceso a mis estudios universitarios. Con el tiempo, la interrupción se convirtió tan sólo en una pausa, con grandes aprendizajes en otro plano existencial. Pasados unos años, y después de experiencias irrenunciables, pude costearme los estudios con mis propios medios e, incluso, con el apoyo de una beca universitaria.

Pero antes de que lograra alcanzar mi independencia económica, finalizado el bachillerato, las opciones para mi formación profesional –y siempre en horario nocturno–, quedaban reducida a enfermería y administración. Con ambas opciones podía compatibilizar el trabajo diurno y continuar la capacitación para el campo laboral. Ninguna de las dos me resultaba satisfactoria ni atractiva, pero acepté la segunda alternativa. Como todo en la vida, se cerraba una puerta y se abría otra impresionante: la universidad de la vida. Mi inserción laboral me iba a posibilitar una intensa formación teórica y práctica en el ámbito del compromiso social y de la reivindicación de los derechos de los trabajadores.

Comencé en empleos menores, pero mi objetivo era acceder como administrativa a una gran empresa. Me presenté, con diecinueve años, a oposiciones de la Mercedes Benz –que entonces se llamaba Mevosa–, que contaba con dos mil trabajadores. Enseguida obtuve el puesto de administrativa. El contrato, como todos en aquella época, era de corte eventual durante seis meses de prueba que servirían para confirmar o no el acceso al puesto fijo. Y por supuesto, mi objetivo era el de llegar a ser "fija", pero yo no era la única que lo deseaba. Otras dos chicas jóvenes, que habían accedido al mismo tiempo que yo, aspiraban al mismo y único puesto. Había que esperar seis largos meses, para saber quién sería la candidata final. Ese tiempo nos sirvió para crear lazos de amistad, en lugar de quedar atrapadas en la rivalidad. Llevaba dentro de mí, desde la infancia, la semilla de la conciencia ideológica y política, basada ante todo en la justicia social y la solidaridad. Y como es inevitable por edad y creencias, mis ideales estaban inmersos en un claro aroma utópico y apasionado: el mundo podía ser mejor.

Mi objetivo ideológico desde el inicio se centró en la búsqueda de un grupo afín donde poder compartir esas ideas. Fue relativamente fácil, en plena época del final de la dictadura, entrar en contacto con varios partidos políticos en la clandestinidad. Junto a una amiga, establecimos varios encuentros con dirigentes y miembros de agrupaciones. Enseguida se nos hacía evidente que buscaban militantes para sus presupuestos partidistas y, desde mi percepción, con una actitud sectaria. Todos y cada uno se atribuían una verdad absoluta, presentando matices, diferencias y banderas que los separaban o los oponían a los demás. Desde muy joven, intuí que por ahí no iba mi camino. Me di cuenta de que la propia palabra "partido" separa, divide y opone. Demasiados ejemplos tenemos hoy que nos permiten comprobar que este resultado divisorio sigue vigente. Descarté todas las opciones.

Siguiendo con mi búsqueda intuitiva, un día escuché algo sobre el llamado "movimiento asambleario", que también funcionaba en la clandestinidad. Una persona conocida me ofreció contactarme con un referente de esta agrupación. Más tarde, descubriría su enorme potencial y el aprendizaje que se derivó de este primer encuentro. Fue así como conocí a Juan –llamémoslo Juan para darle un nombre–, quien antes había sido sacerdote y activista en causas sociales y políticas en Asturias. Juan tenía veinte años más que yo. Su nivel cultural era muy elevado y tenía mucha experiencia. Pocos meses más tarde de que lo conocí, se convirtió en un líder natural del movimiento asambleario por los trágicos sucesos de Vitoria-Gasteiz de Marzo de 1976[2]. Gracias a él, en aquel entonces mi mentor, me acerqué a este movimiento vivo y asambleario; inmediatamente me sentí receptiva a esa esencia diferente que me cautivó. Desde el principio, comprobé que, lejos de cualquier dogmatismo, el modelo asambleario se fundaba en un planteamiento profundo. A diferencia de la práctica habitual de los partidos del Parlamento que delegan las decisiones en líderes, en este movimiento el

---

[2] N de la E: el 3 de marzo de 1976, poco después de la muerte de Franco, en Vitoria-Gasteiz tuvo lugar la llamada "Matanza del 3 de Marzo". Por orden del gobierno, la Policía Armada, mejor conocida como "los grises", desalojó brutalmente a los huelguistas reunidos en una iglesia, disparando a mansalva sobre la gente, con un saldo de varios asesinatos y cientos de heridos.

liderazgo devenía de forma natural por la capacidad individual y el respeto de la decisiones asamblearias. El objetivo último, se centraba en aumentar la consciencia social para favorecer la autogestión en todos los ámbitos sociales y educativos.

Durante los encuentros clandestinos nocturnos, los temas que abordábamos, previa lectura exhaustiva de diversos autores, respondían a un abanico tan amplio como diverso: la familia, el patriarcado, el contexto socio-económico, etc. A las afueras de la ciudad, al anochecer, en un coche viejo, cada semana se sucedían los encuentros para debatir lecturas, plantear dudas que nacían de mi curiosidad. La propuesta de análisis giraba en torno a libros de Marx, Engels, y otros filósofos. En los encuentros –intensos y formativos– era omnipresente la actitud reflexiva y crítica acerca de otros movimientos históricos, como por ejemplo la Revolución Rusa y la Revolución Cubana y las probables causas de su fracaso en la sociedad actual. Cada día, me volvía más consciente de la manipulación y de la corrupción que, en aquella época como en la actualidad, envenena tantos partidos políticos. A partir de este modelo organizativo asambleario –que se definía por el ejercicio de una formación crítica y formativa, para construir alternativas sociales ante el modelo normativo y autoritario imperante– desarrollé a lo largo de toda mi vida innumerables actividades.

Antes de conocer a Juan, ya integraba la comisión clandestina de trabajadores de la fábrica Mevosa (luego llamada Mercedes Benz). Era la más joven del grupo y la única mujer en una época marcadamente machista. La Administración, donde yo trabajaba, estaba en el primer piso, un mundo alejado de la realidad operaria. Sin embargo, pasada la sorpresa inicial de los miembros del grupo clandestino, en poco me gané su respeto gracias a mis cuidadosos análisis e intervenciones reflexivas. No había sido en vano la influencia que había recibido desde pequeña en mi familia. Acepté con asombro que me eligieran representante de nuestra comisión para participar en reuniones conjuntas con otras comisiones clandestinas. Me quedé con la boca abierta cuando alguien dijo:

—Yolanda lo puede hacer muy bien.

Y todos se mostraron de acuerdo. Sinceramente no me lo esperaba, ni lo deseaba pues nunca he tenido afán de protagonismo. No obstante, lo acepté porque sabía que se trataba de cumplir con una función social. Yo frecuentaba aquel espacio de compromiso social, no sólo para luchar por las reivindicaciones económicas, sino porque me daba la oportunidad de participar en una real transformación de la sociedad mediante un cambio profundo de valores. Aquel era mi ideal de juventud.

Así fue como, poco a poco, me fueron reconociendo como una líder natural, igual que otros compañeros de la misma fábrica. En tal contexto acepté la representación, aclarando mi rol de portavoz, sin delegación ni poder de decisión. Mi función sería la de transmitir las decisiones de nuestra comisión clandestina a la plataforma general de comisiones. El objetivo de las reuniones de la plataforma –que se realizaban en lugares discretos para evitar cualquier acción represiva– consistía en valorar la posibilidad de convocar una huelga general. Por supuesto, se perseguían mejoras económicas, pero también se incluían las reivindicaciones sociales. Los representantes de cada comisión intercambiaban la información y luego comunicaban lo hablado a las respectivas comisiones, en las que se tomaban las decisiones finales. En aquel contexto social e histórico, en los encuentros de la Plataforma era prevalente la presencia masculina, aunque había alguna honrosa excepción a la regla general.

Durante la última etapa en la clandestinidad, los grupos y partidos que cuestionaban el *statu quo* padecían la persecución sistemática de la dictadura. Era complicadísimo el mero hecho de expresar las propias ideas en la cotidianidad, cualquier reunión se consideraba subversiva y amenazadora para el sistema. No era raro que alguien sufriera el exilio forzoso. Cuando tenía dieciocho años, después de algunos años de amistad, mi amiga y yo iniciamos una relación con dos amigos de nuestro grupo con quienes salíamos a la montaña y teníamos aficiones comunes. Todo parecía normal, hasta que a través de los medios de comunicación, supimos que ambos habían tenido que huir a Francia. Para nosotras fue un duro golpe ver sus rostros fotografiados en los diarios y en la televisión, pues ignorábamos su actividad política. Se habían exiliado, huyendo de una detención segura.

Pasado el primer impacto y siendo tan ingenuas, decidimos ir a visitarlos. Pasamos un fin de semana con ellos en San Juan de Luz, destino habitual de los exiliados. Suponíamos que quizás estaban involucrados en reivindicaciones sociales, como tantas personas del País Vasco en aquella época. Por suerte, nadie investigaba las participaciones o afiliaciones de los demás. Todos nos movíamos con extremo cuidado. Las personas inquietas y comprometidas en el cambio social y solidario en general tenían una vida social pública y otra, clandestina.

Cuando volvimos de ese viaje a Francia, ocurrió algo inimaginable. Una noche, a las tres de la mañana, llamaron a la puerta de mi casa. Mi madre abrió. No daba crédito a lo que veían sus ojos: se encontró con dos policías secretas. Y le preguntaron por mí. Ella les respondió con serenidad, que yo no estaba en casa, confiada en que aquella noche no había pernoctado allí. Pero, la policía se abrió a empujones y me los vi delante, sin entender yo qué pasaba. No me olvido de la expresión aterrorizada de mi madre al comprobar que, efectivamente, estaba en mi habitación. No prometía nada bueno ser detenida en el País Vasco en aquella época.

Me ordenaron que me vistiera mientras registraban toda la casa y el desván. No encontraron nada, porque nada había. Sin embargo, me llevaron en un furgón de la policía al calabazo en la mitad de la noche. También habían detenido a mi amiga. No nos permitieron siquiera vernos y cruzaban información distorsionada, para corroborar la veracidad de nuestras respuestas. Estuvimos una noche detenidas en calabozos separados. A pesar de la situación crítica, manteníamos la calma porque no habíamos hecho nada cuestionable. Desgraciadamente, la noche fue larga, y llena de interrogatorios y veladas amenazas. Fue una noche horrible. No me dejaban dormir. Me llamaban cada hora con cualquier pretexto o sólo para que me presentara; las continuas interrupciones del descanso respondían a la tortura psicológica. Además, cada tanto me decían que mi amiga había contado la verdad. ¿Qué verdad? Sabía que no había ninguna verdad que contar. Al amanecer, nos dejaron en libertad. Sin embargo, aquello no fue el final.

A la semana siguiente, la policía secreta volvió a la Mercedes-Benz a detenerme. Me llamaron de la dirección, y cuando los vi allí, me alarmé . Una vez, podía soportarlo, pero ¿qué sentido tenía esta segunda detención? La policía secreta se justificó ante la dirección de la empresa, y ante mí, sosteniendo que se trataba de un simple acto burocrático: sólo debía ir a firmar al juzgado. Al llegar al juzgado, me encontré de nuevo con mi amiga. Mientras charlábamos, convencidas de que saldríamos en libertad, nos llamaron por separado ante un juez quien, con voz autoritaria, comenzó a interrogarnos sobre los amigos que habíamos ido a visitar a Francia. Cuando respondimos que sí los conocíamos, continuaron:

—¿Sabía usted de su actividad?

Yo no tenía ni idea de qué me hablaban. Nos conocíamos desde los quince años y las actividades que compartíamos estaban muy lejos de ser sospechosas: nos encantaba ir a la montaña, hacer picnics y caminatas.

—No –respondí, rotundamente–. Me prohibió dar cualquier explicación aclaratoria. Al contrario, me indicó que callara.

El breve interrogatorio, sin abogado presente ni posibilidad de defensa alguna, finalizó cuando nos indicaron, a cada una por separado, que saliéramos de la sala. No nos dio tiempo a comentar entre nosotras el interrogatorio que parecía calcado de una película, cuando de pronto, se acercaron dos policías –de los "grises"– uniformados, y con grilletes. Sin mediar palabra –ante nuestro estupor e indignación reprimida–, vimos cómo nos esposaban. Resultó que estos chicos estaban involucrados en ETA. Pero no pertenecían al brazo armado. Había habido una escisión, precisamente entre los considerados militares, que ejecutaban acciones terroristas, y los político-militares contrarios a ellas. Nuestros amigos, resultaron ser de la fracción política, eran ideólogos, no participaban en atentados. Para mí, la violencia era totalmente inconcebible;

por encima de todo, era pacifista y mis ideales estaban muy lejos de cualquier acción marcadamente nacionalista o armada. Pero no hubo posibilidad de réplica. Efectivamente tuvimos que firmar, nada menos, que el traslado a una cárcel. La cárcel estaba en Nanclares, cerca de la ciudad de Vitoria. No olvidaré nunca que, esposadas, nos llevaron en un furgón de la policía nacional, a ese lugar gris, privadas de libertad.

No tuvimos asistencia jurídica, ni la posibilidad de avisar a nuestros padres, aunque fuéramos menores de edad. Pasamos tres días de total incomunicación en celdas individuales. Al tercer día, nos mezclaron con las presas comunes a modo de castigo; sin embargo, la relación en el patio era cordial y sin prejuicios. El ejercicio físico era una herramienta muy útil para tolerar la incertidumbre, así como el desahogo de la escritura. Estábamos completamente incomunicadas con el exterior. Mis padres lucharon mucho para conseguirme un abogado de pago, única opción para tratar de acelerar la libertad.

A pesar de todo, fue una experiencia impactante, pero no traumática. No tuvimos miedo en ningún momento. No perdimos la esperanza. Además desarrollamos algunos lazos con las reclusas para motivarlas en la lectura e, incluso, en el canto, como recursos para no decaer y perder la confianza. Sin conocimiento teórico alguno y a través de diálogos informales durante los breves encuentros en el patio de la cárcel, de muros grises impersonales y fríos, las invitamos a generar cierta resiliencia ante la adversidad.

Pese a la precaria economía de mis padres, pasados quince días salí libre bajo fianza, Recuerdo con nitidez, la emoción del reencuentro cuando me esperaban a la salida de ese tétrico lugar. El abogado logró la libertad bajo fianza, pero no hubo mayor notificación ni información sobre mi futuro judicial, salvo cuando meses más tarde, y con la muerte de Franco, nuestro caso fue cerrado con la absolución. No podía ser de otra forma, aunque la llamada "justicia", no siempre responde a la realidad. Es evidente que, en función del contexto socio-político, la amistad y los lazos familiares pueden tener consecuencias nefastas, como en el caso de miles de represaliados.

Cuando salí, lo único que realmente me inquietaba era mi incorporación al trabajo. Era consciente de que haber estado detenida podía ser un factor determinante para acceder finalmente al puesto fijo o perderlo, pasados los seis meses de prueba establecidos. Sabía que esta indeseable incidencia podía inclinar la balanza a favor de la elección de alguna de las otras dos compañeras, que también estaban a prueba en la empresa. Por eso, cuando volví a trabajar, expliqué que mi detención se había debido a una desagradable confusión. Para mi tranquilidad, lo aceptaron sin problema. De hecho, al poco tiempo recibí la gran sorpresa de haber sido yo la elegida para el puesto fijo. Pensé que había tenido mucha suerte, pues mis compañeras también eran muy eficientes. Sabía que en aquel mundo muy machista, el aspecto físico también había pesado en la elección final. Sin embargo, pese a que no obtuvieron el trabajo en la Mercedes Benz, las tres mantuvimos la amistad.

Capítulo 4
Tragedia y solidaridad

Una vez reincorporada al trabajo, volví a la actividad clandestina para colaborar en la organización de la huelga general. La experiencia vivida en esa detención irregular, lejos de invitarme a abandonar, me fortaleció en mis ideales de justicia social. Eran necesarias muchas reuniones para realizar muchos análisis, con el objetivo de que la huelga fuera amplia, potente y articulada. Continuamos con la dinámica de reunión con los representantes de las empresas, en la montaña o en el campo, para discutir la estrategia más adecuada y siempre consensuada. A veces me asaltaba el temor de que me detuvieran de nuevo. Sabía perfectamente que no había motivos para algo semejante, pero ¡tampoco los había habido antes! Para mis adentros, debía aceptar que era posible, puesto que estábamos obligados a funcionar en la clandestinidad y, sobre todo, que no existía el derecho a la huelga.

Continuamos las reuniones clandestinas hasta que, el 9 de enero de 1976, nueve empresas de Vitoria salimos a la huelga durante tres meses consecutivos. ¡Tres meses! En ese momento, se inició la práctica del movimiento asambleario. Ya no tenía que leer y debatir en la teoría. Habíamos pasado a la acción. Nos reuníamos en las iglesias de forma pacífica para analizar y evaluar los pasos a seguir para lograr nuestras reivindicaciones. Las asambleas estaban controladas: siempre había integrantes de la policía, más o menos camuflados. Un día en la asamblea de nuestra empresa, reconocí y denuncié la presencia de la policía secreta que me había detenido a mí, aunque era consciente de que ponía en riesgo mi integridad.

Mil quinientos de los dos mil trabajadores de Mevosa (hoy, Mercedes-Benz), habíamos decidido secundar la huelga e ir a las asambleas. Los quinientos restantes trabajaban en las oficinas. Sólo tres administrativos de la empresa nos unimos al movimiento asambleario en las huelgas: mi compañera de oficina y otro compañero. Los demás siguieron trabajando en las oficinas, pese a que los invitamos a apoyar las reivindicaciones. Todas las mañanas, las asambleas eran un espacio de reflexión, cuestionamiento de tópicos y creencias, donde se generaban las bases solidarias de los valores humanos fundamentales.

Por las tardes, tenía otra cita importante: la asamblea diaria para las mujeres de los obreros. Mi compromiso social me llevó a acompañar estas asambleas de mujeres, junto con otras chicas jóvenes, trabajadoras de varias empresas. El objetivo de las asambleas de la tarde era involucrar a las mujeres de los trabajadores en la huelga, fomentando la consciencia y el apoyo a sus parejas. La mayoría de ellas eran amas de casa y era elevada la posibilidad de que *boicotearan* la huelga general por motivos económicos. Su incomprensión del fin más contundente o su miedo podían ser una amenaza. Por ello, facilitábamos un espacio donde también las amas de casa pudieran expresarse y fomentar la solidaridad. Fue un éxito y una gran contribución a la causa.

Constantemente hacíamos marchas hasta el ayuntamiento con una serie de consignas reivindicativas. Nuestras manifestaciones estaban destinadas a reforzar las asambleas de los trabajadores de las mañanas. Reclamábamos mejores salarios, horarios dignos y otros derechos. En las manifestaciones "los grises" nos apaleaban a todos; no había diferencia entre hombres y mujeres cuando se trataba de represión. Lo usual era que nos disolvieran, golpeándonos con las porras en las piernas o lanzando botes de humo lacrimógeno. Participaba, por lo general, intentando cuidar y proteger a la extensa marcha de mujeres por las aceras de la ciudad. Solía desplazarme, corriendo como una pastora que trata de evitar lo inevitable a sus ovejas. Desde el inicio al final de la manifestación, ansiaba inútilmente protegerlas. Cuando empezaban a golpearnos, mi persona era un objetivo visible, tanto porque era muy jovencita como porque se sabía que intervenía en las asambleas matutinas. Mi madre también acudía a las manifestaciones y yo no podía tolerar que, como a las otras mujeres, también la agredieran a ella. Cada día que pasaba, estaba más indignada. La policía apaleaba y maltrataba a estas amas de casa, que bien podrían haber sido sus madres o sus hermanas. Llegada la noche, volvía a casa con el cuerpo lleno de moratones, pero dispuesta a continuar.

Llegó el 3 de marzo, fecha de la convocatoria de huelga general para toda la ciudad de Vitoria. Habíamos invitado a los comercios, las escuelas, fábricas y universidades. Llevábamos tres meses de huelgas ininterrumpidas. La respuesta fue unánime: aquel día, tristemente histórico, toda Vitoria estaba en la calle. Por las avenidas, circulaban mareas de personas pacíficas que se dirigían a la iglesia de San Francisco. La huelga general había sido un éxito, la asamblea se constituía como un espacio imprescindible para lograr esta asombrosa respuesta de unidad general, gracias a las previas semillas sembradas, de reflexión y solidaridad.

Esa mañana, la ciudad amaneció totalmente acordonada por las fuerzas de seguridad y constantemente sobrevolada por helicópteros. El escenario era impactante, pero nadie podía intuir la magnitud de la masacre que sucedería tan sólo unas horas más tarde. No pasó mucho hasta que comenzaron a disparar de forma indiscriminada los botes lacrimógenos sobre objetivos directos e indirectos. Mi madre, que se había unido a la jornada de huelga general, estaba dentro de la iglesia de San Francisco con otras mujeres. Cuando comencé a oír el ruido de los helicópteros y de lo que yo, inocentemente, creía que eran sólo balas de goma, le dije:

—Mamá, esto se pone feo, métete en un confesionario y no salgas hasta que yo te avise, ¿vale?

Pedí calma. Subí al púlpito de la iglesia:

—Esto es una provocación, debemos mantener la tranquilidad... recordemos que nuestras reivindicaciones y nuestros actos, son siempre pacíficos.

Mientras gritaba mi petición de paz, comencé a escuchar que se alzaban algunas voces desesperadas:

—¡¡Son balas!! ¡¡Son balas!!

Estallaron los cristales de los ventanales de iglesia y empezaron a disparar el gas que, al entrar, ocupó todo el espacio. No podíamos respirar. La necesidad de salir era imperiosa, pero los policías habían bloqueado la puerta. Escapé por la ventana, como la mayoría, no sin antes verificar si mi madre seguía adentro o había conseguido huir. No estaba.

Los cristales, destrozados por el impacto de los botes lacrimógenos, se habían convertido en peligrosos proyectiles desparramados por donde debíamos salir. Corríamos sobre vidrios, abriéndonos paso entre humo asfixiante. Todo era caos, gritos de angustia y enorme confusión. Apenas puse un pie en la calle, escuché uno tras otro los clamores desesperados:

—¡Lo han matado!

—¡Han matado a dos!

—¡¡Ya son tres!!

Ambulancias y bomberos se confundían con los gritos de la gente, entre los botes de humo y los tiros indiscriminados de las armas dirigidos a la multitud.

Los vecinos del barrio se apresuraron, sin dudar, a abrirnos las puertas de sus casas. Desde la ventana de una de ellas, vi el horror en los alrededores de la Iglesia de San Francisco: la feroz represión ciega, mientras unos corrían desesperados y otros improvisaban barricadas para protegerse. Me encontraba a salvo, pero no podía quedarme allí sin hacer nada, presenciando la matanza de gente inerme. Además, me inquietaba desconocer el paradero de mi familia.

Bajé a la calle y empecé a preguntar:

—¿Habéis visto a mi madre? ¿Habéis visto a mi padre?

A los pocos minutos me encontré con mi pareja de aquel entonces. Deambulamos durante horas por las calles vacías y devastadas. Yo estaba horrorizada ante el brutal aplastamiento de un movimiento pacífico, sin ningún tipo de escrúpulos. Llegamos a mi casa. Cuando abrí la puerta, vi a mis padres y sentí un alivio indescriptible. Mis hermanos mayores también estaban a salvo. Pero el sosiego duró sólo unos segundos. La mirada y el rostro de mis padres reflejaban una angustiosa alarma.

—No puedes quedarte aquí, hija, van a venir por ti –dijo mi padre–.

—No pasará mucho tiempo hasta que llegue la policía – insistió mi madre–.

Mi pareja también asintió. Todos estaban de acuerdo.

Estaba decidido: no podía quedarme en casa. Sabía que tenían razón. Lo más sensato era que me fuera, pero yo no quería huir. Estaba convencida de que mi lugar estaba junto a mis compañeros y compañeras porque éramos víctimas de un atropello injusto. Fue una decisión de la que me arrepentí enseguida. ¿Habría sido, tal vez, preferible estar detenida, al periplo que me tocó emprender y vivir durante los largos cinco meses que duró mi forzoso exilio? Sin embargo, contra mi voluntad, no tuve más opción que aceptar el consejo de mi familia, que, además, ya lo tenía todo planificado. Me llevaron al piso de una persona solidaria y conocida en este ámbito asambleario, cuyo nombre nunca supe. Esta persona había ofrecido a mis padres un piso vacío para que yo pasara la primera noche y evitara una detención segura. Al día siguiente, de nuevo contra mi voluntad, tuve que irme lejos. Así comenzó la clandestinidad, más dura y silenciosa: lejos de los míos y de mis compañeros de asamblea.

La misma noche en que me fui, tal y como había sido pronosticado, irrumpieron en mi casa a las tres de la mañana, eso era habitual. Los testigos relataron luego que la Policía Nacional había aparcado cuatro furgonetas debajo de la casa de mis padres, mientras descendían policías uniformados de gris y armados hasta los dientes. Cuatro vehículos llenos de policías para detener a una jovencita idealista. Subieron por las escaleras y por el ascensor, armas en mano, y golpearon insistentemente a la puerta. Mi madre abrió. Ya era experta en estos desgarradores sobresaltos para una madre. Pero respiró tranquila, segura, esta vez, de que yo no estaba en casa, al contrario de la primera vez. Nunca olvidó la falta absoluta de respeto con que se movían por nuestro hogar buscando prepotentemente a una chica de veinte años. Otra vez parecía una mala película, pero era muy desagradable y real.

Con igual procedimiento, esa fatídica noche se repitieron las detenciones en las casas de los líderes de la huelga general. Éramos nueve las personas fichadas desde el inicio de la huelga en enero. La policía secreta nos vigilaba con facilidad en nuestras intervenciones asamblearias y en las manifestaciones. Durante los meses de reivindicación, lanzaban octavillas con informaciones falsas para confundir a la población; intentaban así que los paros no se extendieran a otras empresas, universidades o centros comerciales. Aquella noche, lograron detener a cinco de los nueve. Los otros cuatro, de los que yo era la única chica, pudimos huir.

A los pocos días, comenzó la siguiente etapa. Me propusieron que recorriera muchos kilómetros, para dar en varios puntos del país una información precisa de lo sucedido. En ese tiempo eterno, no podía hablar por teléfono con mi familia ni con nadie. Los teléfonos estaban "pinchados", es decir, la policía escuchaba nuestras conversaciones. Las únicas noticias que recibía de Vitoria y de mi entorno cercano me las proporcionaba mi pareja. Él era el único contacto que, por seguridad, mantenía con el mundo exterior. Estuve escondida durante cinco largos y desesperantes meses. Me llevaban a lugares en los que me esperaban asambleas programadas –y, por supuesto, clandestinas– para que les diera información real sobre lo que había ocurrido en Vitoria. Era la única manera de desenmascarar la manipulación de los medios de comunicación y hacer saber la verdad. Hoy es posible acceder a las grabaciones de aquel día, en las que se escuchan los gritos de los policías: "¡¡A por ellos!!". Y los de muchas personas reaccionando con desesperación: "¡Esto es una masacre! Está muriendo mucha gente". Pero en aquel tiempo, todo ese material estaba censurado. No se podía hablar de los asesinatos y a los manifestantes se los presentaba como agitadores irracionales y subversivos.

El cantautor catalán Lluis Llach (Girona, 1948), nos sobrecogió con la composición inmediata de una canción-denuncia en homenaje a las víctimas, idealistas, pensantes, eternamente vivos en la memoria. Su *Campanades a morts* ("Campanadas a muertos"):
> *Qui ha tallat tot l'alè*
> *d'aquests cossos tan joves,*
> *sense cap més tresor*
> *que la raó dels que ploren?*

"(…) ¿Quién ha tronchado todo el aliento / de estos cuerpos tan jóvenes, / sin ningún otro tesoro / que la razón de quienes los lloran?(…)"
> *Assassins de raons, de vides,*
> *que mai no tingueu repòs en cap dels vostres dies*
> *i que en la mort us persegueixin les nostres memòries.*

"(…) Asesinos de razones, de vidas, / que nunca tengáis reposo en ninguno de vuestros días / y que en la muerte os persigan nuestras memorias. (…)"

Treinta años más tarde, Lluis Llach acudió a la cita conmemorativa de denuncia de los asesinatos de la tragedia del 1976. El Polideportivo de Vitoria acogió este acto reivindicativo en el que participamos miles de personas: represaliados, familiares y ciudadanos convocados por la memoria y contra el olvido. Personalmente, como aquella vez, y a veces a pesar de la distancia geográfica, he acudido a todos los eventos de reafirmación y reclamación por aquel sangriento 3 de marzo. La melodía de la dolorosa canción que resonaba en el Polideportivo de Vitoria, acompañada por el Orfeón Donostiarra[3], conmocionó el corazón de toda la ciudadanía. La ciudad entera vibraba, aún indignada, ante los sucesos no reconocidos incluso en el 2006 por los sucesivos gobiernos. Durante muchos años, no pude escuchar esta canción sin que cada una de sus estrofas, escoltadas por el tono solemne de aquel piano, embargara mi alma en profunda emoción.

Obriu-me el ventre
pel seu repòs,
dels meus jardins
porteu les millors flors

"(…) Abridme el vientre / para su reposo, / de mis jardines / traed la mejores flores (…)"

Ya en democracia, se publicaron varios libros sobre los graves sucesos del 3 de marzo, con los cuales que he colaborado con mi testimonio directo. He participado y sigo participando en eventos programados por la Asociación del 3 de Marzo y por el gobierno vasco. Esta herida seguirá abierta hasta que un documento oficial reconozca la existencia y la responsabilidad de los asesinatos y cientos de heridos que produjo la intervención del Ministerio del Interior en 1976. El ministro Manuel Fraga Iribarne (1922-2012) y su sucesor Rodolfo Martín Villa (1934) fueron los responsables de la represión brutal del movimiento asambleario. La línea ministerial tenía el objetivo de cortar abruptamente la movilización de Vitoria, pues representaba la probable antesala de otras reivindicaciones a nivel estatal. Temían que produjera un efecto

---

[3] N de la E: Prestigiosa agrupación coral, universalmente reconocida. Fue fundada en 1897 y desde entonces, siguiendo la concepción que le dio origen, cantantes *amateurs* han hecho funciones corales de la más alta calidad y fineza, que le valieron numerosos premios en todo el mundo.

dominó en otras ciudades y pueblos que estaban comenzando a movilizarse, emprendiendo el mismo camino de lucha social y de conciencia solidaria.

Quiero expresar mi gratitud a la "Caja de resistencia". Se trataba de una organización solidaria sustentada por los aportes voluntarios de cada asamblea. Mientras mis compañeros y yo estuvimos en la clandestinidad, cubrió cualquier tipo de eventualidad económica en las familias que lo necesitaran. Era el último recurso. Yo misma de esta "Caja" recibí un salario mensual durante la clandestinidad.

Mientras se resolvían las reivindicaciones, cada empresa de manera autónoma acordaba un día de paro semanal, hasta que se lograra la libertad de los presos y perseguidos y la reincorporación de los despedidos. Sin embargo, después de aquella brutal jornada, seguir en la lucha era muy duro: la unión imprescindible que se había logrado en las asambleas de todas las empresas dejaba el saldo sangriento de cinco muertos y más de cien heridos. Los disparos vaciaron ojos y la mayoría de las personas sufrió graves lesiones. Finalmente, tras tanto dolor y pérdidas humanas, se consiguieron todas las reivindicaciones. Se necesitaron tres meses de resistencia de huelgas y un final horrendo, para lograr las justas reivindicaciones laborales y sociales. Muy triste, pero como en el pasado, hoy sigue ocurriendo lo mismo a quienes se arriesgan en la reivindicación de los derechos humanos.

El 1 de agosto liberaron a los cinco presos encarcelados en la Cárcel Provincial de Madrid, conocida como

"Carabanchel"[4] y los que estábamos perseguidos pudimos salir de la clandestinidad. Apenas lo supe, fui a la policía y presté declaración. Ya conocía el camino… gracias a mis infortunadas experiencias anteriores en el edificio... Pero en esta ocasión, no me llevaba la policía secreta, sino que entraba con mis propios pies e iba escoltada por toda la comisión representativa de la empresa. Ellos se quedaron esperándome en la calle mientras mantuve un interrogatorio breve y "amable" con la policía. Me informaron que siempre me habían seguido y conocían todos mis movimientos, pero que no les habían otorgado la orden de detención para evitar que se generaran más conflictos. Durante ese "interrogatorio-diálogo" recordaba que la primera vez que me habían detenido, el policía que cumplía el rol del "bueno", como en las películas, me decía:

—Yolanda, yo también he sido luchador, era el delegado de clase y por eso te entiendo, pero, dime… Una chica tan inteligente, tan guapa, como tú… ¡¿Para qué te metes en estas historias?!

Podría haber cogido un camino más fácil, pero mis ideales eran demasiado fuertes y enraizados como para silenciarlos o ignorarlos y mi corazón, demasiado joven como para que yo perdiera la confianza y la esperanza en un mundo más justo y mejor.

Fueron años de aprendizaje vital. Me sumergí en la "universidad de la vida", con sus luces y sus sombras, apreciando la belleza y los valores humanos. Pero, sin olvidar la crueldad y la codicia de quienes teniendo poder,

---

[4] N de la E: Construida e inaugurada por la dictadura franquista en 1940, Fue demolida en el año 2008. Ocupaba una superficie de 200.000 m^2.

carecen de empatía, tolerancia y amor. Esta etapa fue un río con sus saltos y remansos. Me ofreció otros caminos a través de los cuales continuar explorando mis potencialidades y mi mundo interior.

Capítulo 5
La decepción y el cambio

El retorno a la empresa no fue un camino de rosas... El desenlace de las huelgas del 3 de marzo de 1976 fue agridulce. Había experimentado la fortaleza de la unión y la solidaridad; habíamos trazado la posibilidad de un nuevo paradigma basado en el cambio social. Esto era maravilloso. Pero la otra cara de la moneda era siniestra: la masacre y tragedia vivida resonaban en nuestra mente y nuestro corazón y reclamaban justicia. Cada año, el 3 de marzo, la herida se abría y volvía a sangrar: por cinco años y sin excepción, una noche antes la policía irrumpía en los domicilios de los considerados líderes y repetían las detenciones "preventivas". A mi casa vinieron, siempre a las tres de la madrugada, pero nunca me encontraron. Una y otra vez mi madre tuvo que abrirles la puerta a las fuerzas de seguridad y mirar como registraban todo con la usual "falta de delicadeza".

En ese contexto, retomar mi trabajo como administrativa en las oficinas fue muy duro. Dado que sólo tres, de los quinientos empleados administrativos, habíamos secundado la huelga, era fácil observarnos. A mí en particular, me controlaban por si debían reprimirme con el objetivo de evitar nuevos supuestos conflictos. Los trabajadores seguían unidos en sus secciones laborales y realizaban mini-asambleas a la hora del almuerzo. Mi situación era muy diferente: realizaba mis tareas de oficina en la planta superior, pero estaba completamente aislada por orden expresa de la dirección. Acudir cada mañana a mi puesto era una pesadilla. En aquella época en la que siquiera se había acuñado el concepto, iniciaron a hacerme un *mobbing* constante.

El personal de la administración me ignoraba en todo momento, incluso en los almuerzos. Tenía prohibido realizar cualquier llamada telefónica, con la excusa de que pudiera "dar la orden" a los obreros de que se movilizaran. Era absurdo, dado que ellos sabían que todas las acciones eran consensuadas. Todo me resultaba surrealista y muy doloroso. Tal infierno duró unos cinco años. Mi experiencia laboral y personal se tornó traumática. Estaba constantemente acosada por los jefes, quienes me destinaron a realizar un trabajo de fichas, repetitivo, monótono y controlado, con plazos de entrega muy estrictos. El objetivo que ellos perseguían era generar los motivos para una posible sanción por incumplimiento profesional; tenerme aislada, sin recursos ni testigos, les facilitaba el plan. Para colmo, también controlaban el tiempo en que acudía al servicio, mi única forma de encontrar alivio a tanta presión. Me tendieron muchas trampas, siempre con el mismo fin: sancionarme para despedirme.

Las sanciones, de hecho, se fueron produciendo, pero cada una de ellas era anulada por falsedad. Sin embargo, la situación cotidiana era insoportable. Nadie me defendía. Todo sucedía con la complicidad de los "compañeros" de la oficina, que así me manifestaban su resentimiento porque yo me había unido a la clase trabajadora. Tan sólo una persona se me acercaba tímidamente a saludarme y lo hacía cuando los jefes no lo veían.

Esta situación duró demasiado. Finalmente tuve una entrevista con el jefe general de las tres empresas (Madrid, Barcelona y Vitoria) y, acompañada de algunos miembros de la comisión, expuse la demanda de cambio de sección. En aquella reunión con el jefazo, que tenía fama de implacable, tuvo lugar una anécdota curiosa. Los miembros de la comisión y yo llegamos a su despacho y nos sentamos en las sillas vacías –todas eran iguales– a esperarlo. Enorme fue mi sorpresa cuando, mientras entraba, el directivo me dirigió un inesperado saludo:

—Vaya, vaya. Había oído hablar de ti, como una chica brava, pero no sabía hasta dónde llegaba tu valentía... ¿Te importaría dejarme mi sillón? –preguntó con una ironía paternal, que me situó de inmediato y me hizo comprender ante quién estaba–.

Claro que me levanté y me busqué otra silla.

Este jefazo creyó que me humillaría cuando –accediendo "amablemente" a cambiarme de puesto–. decidió "bajarme" a las oficinas cercanas a las máquinas de la fábrica. Seguiría realizando un trabajo de mecanografiado, tedioso y sin sentido, en una sección que era famosa por tener un jefe autoritario y verbalmente violento. Sin embargo, el cambio fue un alivio para mí. Sabía que al principio me esperaba el maltrato psicológico de mis compañeros y jefes inmediatos, pero estaba cerca de mis compañeros de asamblea y podía acudir, previo permiso diario, a sus mini-asambleas de almuerzo. A los pocos meses, los administrativos y el jefe cambiaron radicalmente su actitud hacia mí. Superados los prejuicios que me precedían como "la joven de las huelgas", se estableció un ambiente cordial y respetuoso. El temido jefe, al que le llamaban "el cabezón" por su físico y su autoritaria actitud, poco a poco se acercaba a mi mesa, preguntándome:

—¿Por qué me dijeron cosas tan feas sobre ti antes de que te trasladaran a esta sección? Eres eficiente y amable. Es falso todo lo que me indicaron. –Para continuar– ...lo que no entiendo, son las razones de tu rebeldía. Podrías vivir tan bien, sin ser tan luchadora...

Por otro lado, después de estos años, a medida que avanzaba la presencia de los partidos y se instalaba la división y la competición, las asambleas iban perdiendo contenido. Cada vez eran menos frecuentes los análisis temáticos en las mini-asambleas diarias a la hora del almuerzo; poco a poco se iban vaciando de los criterios y objetivos iniciales de cambio social radical. Sólo quedaban temas de índole economicista y poco más. El movimiento asambleario estaba declinando, y resurgía el funcionamiento basado en la delegación, que tanto debilitaba el espíritu crítico y constructivo de las asambleas originales.

Yo seguía creyendo en el movimiento asambleario, pero me daba cuenta, con dolor, de que todo se había burocratizado. Cada vez más, me resultaba claro que los movimientos de cambio no se apoyan fundamentalmente en revoluciones sociales puntuales. Cuando pasa el tiempo, la historia muestra que se restaura el conformismo y el *modus vivendi* anterior. Por tanto, las mejoras en las condiciones sociales y económicas son totalmente insuficientes para cambiar las estructuras sociales. Un cambio social no permanecerá si no se fundamenta en un cuestionamiento profundo desde el interior. Es decir que, indefectiblemente la transformación debe partir del cambio auténtico de la estructura caracterial individual. En palabras de Gandhi: "sé tú el cambio que anhelas ver en el mundo". Más tarde, esta noción se afianzó en mi comprensión de la mano de la psicología y de la espiritualidad.

Mi decepción fue en aumento. La llama del compromiso social que me mantenía activa en la empresa se había agotado. Ser administrativa bajo presión constante y sin la posibilidad de influir en ningún cambio social ya no tenía sentido para mí. Debía tomar una decisión; era el momento de dar otro rumbo a mi vida. La experiencia laboral me había aportado mucho aprendizaje, pero tenía pendiente seguir los estudios que había tenido que abandonar por la situación familiar. Fue así como se me ocurrió una idea que no tenía precedentes, ni en mi empresa ni en ninguna otra: solicité para los empleados una excedencia no retribuida para que pudieran realizar estudios universitarios o profesionales. Era lo que yo deseaba para poder retomar mis estudios sin abandonar, de momento, el puesto fijo.

Fiel a mis principios, en lugar de hacer una solicitud individual, luché por un beneficio colectivo. Inicié una campaña de recogida de firmas que duró meses, para que se creara esta inexistente excedencia, sin retribución . Sabía que contaba con el apoyo de la comisión representativa y de todos los trabajadores, así como de los jefes de mi propia sección, que finalmente habían terminado el acoso constante de mi persona, cuando comprobaron que todos los comentarios de la dirección eran difamatorios e infundados.

Finalmente, ante la evidente respuesta de apoyo general mostrado, la dirección cedió y aceptó la creación de la novedosa excedencia… que ya "nacía envenenada". Las perversas condiciones para la prórroga anual de esta excedencia, evitando la amenaza del despido, consistía en una serie de cláusulas extremadamente draconianas. La primera de ellas exigía no faltar ni un solo día a clase, por muy justificada que fuera la ausencia. Ni uno solo. La segunda planteaba la presión ineludible de aprobar todas las asignaturas cada trimestre.

Que yo aprobara, lo daba por descontado. Avanzar en mi carrera me estimulaba muchísimo y obtenía elevadas calificaciones que, con gran satisfacción, presentaba en la empresa acosadora. Pero había otras condiciones más complicadas de cumplir y absurdas, como obtener un certificado universitario en cada curso, en que constatara mi compromiso de no participar en cualquier asamblea universitaria o manifestación de estudiantes; si no lo obtenía, el despido sería inmediato. Dado que mi medio de transporte era el autostop para recorrer 120 km de distancia desde Vitoria a San Sebastián, atravesé condiciones durísimas. Durante los dos primeros años viví de "acogida" en el piso de una compañera, dormía en el salón, comiendo bocatas e higos (un poco por motivos tema económico, y otro poco, por no molestar, ya que me estaban ofreciendo un techo). Me sostuvo mi determinación, no fue fácil...todo suponía un gran esfuerzo...

Me sentía militarizada y maniatada. Sabía que además de injustas, esas condiciones ni siquiera eran legales, pero no disponía de medios económicos para implicarme en un litigio legal. Mi meta era otra. Y no olvidaba que cualquier excusa sería suficiente para que me despidieran. La empresa esperaba con ansias deshacerse de mí, pero el momento de mi partida era algo que yo no les iba a permitir gestionar. Y no pudieron hacerlo. Cumplí, al menos en el papel, con todas las exigencias. Obtuve el certificado requerido cada uno de los cinco años que duró la carrera de Psicología en la Facultad de las Ciencias de la Educación de San Sebastián.

Paradójicamente jamás renuncié a ir a las asambleas, si lo consideraba necesario. ¿Cómo fue posible? Pues... me tomé el tiempo necesario con cada profesor para contextualizar mi situación. La sorpresa e indignación de los docentes ante semejantes cláusulas abusivas me permitieron obtener su apoyo incondicional y dispusieron *a priori* todas las firmas y sellos necesarios en un papel en blanco para cada exigencia planteada. No tuve ninguna dificultad para rellenarlo con mucho gusto. Afortunadamente, nos encontrábamos en un contexto universitario donde las asambleas eran muy frecuentes y estaban apoyadas por el cuerpo docente de elevado nivel académico, crítico y progresista.

Mi *modus vivendi* durante la excedencia laboral incluía realizar trabajos precarios para sufragar íntegramente la carrera. Tuve la gran oportunidad de experimentar trabajos de todo tipo, incluidas labores duras en el campo, como sacar patatas y vendimiar. También fui camarera, participé en labores de arqueología en un cementerio del siglo XVI, fui socorrista, encuestadora y muchas cosas más. En aquella época era muy frecuente tener que trabajar para poder estudiar, sobre todo si la familia no contaba con muchos medios económicos. ¡Cuánto se aprende, pasando por los diferentes oficios! ¡Cuánto se valora cada moneda del exiguo salario, para poder continuar estudiando!

Finalmente, gracias a mis altas calificaciones, obtuve una beca a nivel académico, que alivió mi esfuerzo cotidiano. Pude, no sólo finalizar la carrera, sino también el curso de doctorado. Cuando acabé la carrera, no sabía con claridad cual sería mi inclinación: Docencia universitaria o Formación clínica. Las experiencias fueron muchas, aunque no tan diferentes a la de cualquier estudiante. Venía de un mundo convulso, intenso, crítico. Mis condiciones no eran cómodas ni fáciles y tener la posibilidad de estudiar y trabajar me parecía un lujo. Así fue como dejé atrás una universidad, la del contacto directo y sin algodones con la vida, y me aventuré en otro mundo, el universitario, más suave y previsible, y por cierto también interesante. Eso sí, el salto entre la vida laboral y la universitaria no fue inmediato.

Cuando obtuve la excedencia laboral y antes de adentrarme en la vida universitaria, sentí que había llegado el momento de cumplir un sueño pendiente. Aquel sueño postergado desde mis ocho años de volver a Argentina. También tenía un profundo deseo de conocer un mundo diferente, Latinoamérica. La experiencia en Cuba había alimentado mi gusto por el conocimiento de otras culturas y diferentes modos de vivir. Desde los veintidós años venía ahorrando mes a mes para hacer realidad ese anhelo y consideraba que el momento había llegado. Tenía veinticinco años, los ahorros mínimos necesarios, un pasado de aprendizaje y de experiencias dolorosas. La vida me abría la puerta a nuevos y apasionantes horizontes.

Capítulo 6
El gran viaje

Con el pequeño ahorro de mi trabajo y la excedencia no retribuida en mi mano, sabía que contaba con lo suficiente como para emprender el viaje de mis sueños y vivir varios meses antes de volver para afrontar los primeros exámenes la carrera de Psicología.

Tras la complicada escala en Chile, mi amiga María y yo fuimos a Buenos Aires. Pasamos sólo unos días en la gran ciudad, luego nos dirigirnos a Córdoba, querida provincia de la infancia. Después de diecisiete años de nuestra partida familiar, mi mente infantil aún mantenía como una joya el recuerdo de ese adorado lugar.

Los vecinos del barrio me recibieron con alegría. Las costumbres típicas se seguían manteniendo y, para celebrar el encuentro, nos homenajearon con un asado. Nosotras agradecíamos mucho la invitación, aunque ya veníamos anunciando –con cierta preocupación– que éramos vegetarianas. El hecho de no comer carne, para los vecinos y amigos de mis padres, era un concepto incomprensible y extravagante. ¡Lógicamente!, estábamos en el corazón del país con "la mejor carne del mundo". Y, hay que decir que era cierto; mi madre, que había pasado el hambre de la posguerra, lo repetía como un mantra. Entonces, era, como mínimo, natural que les costara entender que nosotras prefiriéramos limitarnos a la guarnición que acompañaba aquellos extraordinarios asados. Y todavía menos, lograban entender el porqué de mi rechazo total, que yo les explicaba con delicadeza: una sensación de hartazgo ante la omnipresente carne en los platos de mi casa durante mi primera infancia en Argentina.

Las anécdotas que los vecinos relataban con afecto reactivaban en mi mente los recuerdos de mi pasado en Córdoba. Era curioso comprobar que ellos hablaban naturalmente de lo que había pasado, como si hubiera ocurrido ayer. Repetían que recordaban la voz de mi madre, llamándome a distancia para recogerme al atardecer: "¡Yoli, a cenar!". Narraban otras travesuras de la "nena", con sonrisas amables que intercalaban con alguna pregunta sobre la vida actual de mis padres en Vitoria. Sentí con claridad el cariño que les profesaban. El reencuentro con este pasado, quizá algo idealizado, me resultaba muy entrañable. El primer día de mi visita, paseaba por el barrio con mucha emoción recorriendo todos los rincones cuando, de pronto, sentí que todo había empequeñecido. En mi memoria infantil, las casas del barrio, los árboles y las calles sin asfaltar, aun estando bastante intactos, eran mucho más grandes que los que mis ojos tenían delante. Era evidente que quien había crecido era yo.

Desde que llegué, decidí buscar a mi amigo de la infancia, mi "noviete" Iñaki, a quien le había prometido regresar. ¡Nunca creí que sería una misión tan difícil de cumplir! Fue muy complicado concertar una cita: su madre se oponía firmemente. Era algo muy raro, puesto que mis padres y sus padres habían sido amigos. No entendía la razón de tanta resistencia materna a un encuentro natural. Después de mucho insistir y contando como intermediario al hermano mayor de Iñaki, fuimos invitadas a un "mate" en la casa familiar que, por cierto, se mantenía intacta, aunque más pequeña, comparada con mi imagen infantil. ¡Qué gran sorpresa, la que me encontré en aquella única cita! Allí estaban los padres, en un sofá, a nuestra izquierda; el hermano mayor y su pareja, a nuestra derecha; Iñaki y su pareja, al fondo de la sala. Y nosotras, en el otro extremo.

¿Qué estaba pasando? ¡Tan solo quería saludarlo y recordar episodios de nuestros juegos infantiles! Era una visita más, de las tantas en el barrio de mi infancia. Sin embargo, no pude dialogar a solas con él. Al finalizar esta visita, un tanto surrealista, su hermano me desveló el porqué de tantas restricciones. Según sus palabras, Iñaki había esperado mi regreso hasta que finalizó el servicio militar. No había tenido ni una novia, confiando en nuestro reencuentro. En ese momento llevaba tan sólo un año saliendo con su pareja y la madre temía que al verme rompiera la relación. Una actitud semejante no encajaba en mi cabeza... había crecido en una familia para nada convencional, mi contexto socio-político era muy diferente y esta información me dejó, como poco, perpleja. Era verdad que habíamos prometido reencontrarnos en algún momento de la vida; y así lo cumplí. Pero también era verdad que esa promesa la habíamos pronunciado siendo dos criaturas. Realmente, jamás creí que me esperaría con tanta fidelidad.

Pasamos diez días en Córdoba y continuamos el viaje. Hicimos autostop rumbo a las Cataratas del Iguazú, cruzando esas carreteras de tierra intensamente roja. Conocimos las maravillosas cataratas de Iguazú, que hoy en día reciben un turismo muy masificado.

En uno de esos largos trayectos en los que viajábamos en coches ajenos, ocurrió un encuentro especial, el único de estas características en todo el viaje. Conocí a un argentino locuaz, inteligente y divertido. Era poco agraciado, pero su personalidad me cautivó. Nos llevó a otros destinos interesantes para prolongar el viaje juntos, pero ese encuentro entrañable y alegre tenía un final. En la despedida intentó, con perseverancia, convencerme para que estudiara en Argentina la carrera que le dije que me esperaba en el País Vasco. Acabábamos de iniciar el viaje sin destino concreto, pero con la certeza de que debía seguir mi camino. En pocos días, habíamos creado un vínculo sincero, vínculo que se mantuvo en la distancia durante años a través de cartas y llamadas telefónicas e independientemente de que cada uno de nosotros, formara su propia familia. Unos veinte años más tarde, finalmente nos volvimos a ver. Nos encontramos para almorzar en el aeropuerto de Madrid mientras él estaba en tránsito para ir visitar a su familia en Italia. Este vínculo era el único que mantenía un hilo invisible de conexión con la actual Argentina sin que mediara, directamente, la pasada infancia.

Después de descubrir el maravilloso norte argentino, Salta y Jujuy, volvimos a Córdoba. Teníamos que trabajar para mantener nuestra precaria economía. Conseguimos trabajo por horas en una feria, concretamente en un parque de atracciones. Una de nosotras estaba en la taquilla contando billetes bajo las luces parpadeantes. La otra, en las atracciones cortando tickets, viendo pasar familias que se divertían. No era nada estimulante, pero nos adaptábamos a las circunstancias, sin quejarnos y sin dudarlo.

La experiencia argentina estaba llegando a su fin. Esa primera etapa significó un encuentro con mi infancia y con mis tiernos recuerdos: fue un momento para sanar el trauma que viví cuando me arrancaron de Córdoba. A partir de allí, el viaje continuó de otra manera, sin la carga emocional histórica. Lo que siguió después representó una auténtica inmersión en el descubrimiento de la realidad socio-cultural latinoamericana.

Atravesamos la bellísima Quebrada de Humahuaca, para dirigirnos hacia Bolivia, también en autostop.

Dejábamos atrás recuerdos vibrantes y nos disponíamos a seguir nuestra apasionante aventura. Al cruzar la frontera experimentamos el primer gran contraste: el paisaje, la civilización, todo cambiaba bruscamente. Cruzamos el inmenso lago Titicaca y seguimos rumbo a las montañas, donde el mal de altura no tardó en recordarnos nuestra fragilidad. Aceptamos masticar hojas de coca, como lo hacían los lugareños, en un intento ancestral de aliviar los males que trae la altura. En esta etapa tomamos un tren bastante deteriorado, abarrotado de pasajeros bolivianos. Hacía un frío cortante que se colaba por cada rendija. Viajábamos a 4500 metros de altitud, sin el abrigo que hubiésemos necesitado. Recuerdo nítidamente el estupor que sentí al despertarme de un sueño ligero: tenía un chal de lana viejo sobre mi cuerpo. Alguien me lo había colocado delicadamente, en un gesto generoso y anónimo para que no muriera de frío. Fue un acto pequeño, pero profundamente humano, de esos que no se olvidan.

Queríamos conocer los Andes de cerca y decidimos sumergirnos en la vida de los mineros. En la cordillera de los Andes, María y yo nos alojamos con las monjitas del lugar; allí presencié por primera vez un funeral que nada tenía que ver con los rituales europeos. Había cantos, bebidas, un espíritu casi festivo, diferente al que conocía. Para ellos, la muerte era una visita habitual y la vida, apenas un suspiro entre jornada y jornada. Habituados a perder a sus seres queridos en accidentes brutales en caídas por aquellas montañas indomables, los mineros los despedían con una actitud que me dejó sin palabras.

Tras algunos días de aprendizajes silenciosos, de frío y de altura, decidimos seguir camino hacia Perú. Visitamos Cuzco y Machu Picchu, luego nos adentramos en la selva ecuatoriana. Salvo excepciones, como la de aquel viejo tren, nos trasladábamos con autostop. Justo antes de que cayera la noche, debíamos haber encontrado un lugar donde dormir. Llevábamos nuestros sacos a cuestas e intentábamos no causar molestias ni generar gastos innecesarios. Con frecuencia, donde era posible, recurríamos a la hospitalidad de los Jesuitas o de comunidades de monjas. Nos abrían la puerta no sin mostrar sorpresa a nuestra demanda de un rincón para descansar.

Dormimos en condiciones duras... En medio de esas noches ásperas, también encontramos gente de enorme corazón que nos ofreció en sus humildes hogares lo poco que tenía. Eran personas sencillas y al vernos –dos jóvenes viajeras con mochilas, polvo en los zapatos y un aire transparente de honestidad– decidían confiar en nosotras.

Durante meses recorrimos la Panamericana, columna vertebral del continente. Viajamos miles de kilómetros siendo extremadamente cautelosas: nunca subíamos a un vehículo donde hubiera dos personas; tomábamos nota de la matrícula y lo decíamos en voz alta, dejando claro que alguien nos estaba esperando en el lugar al que nos dirigíamos. Advertíamos con firmeza que teníamos recursos ocultos para defendernos si hubiese sido necesario. Aquello causaba desconcierto, pero generalmente esa inquietud inicial se transformaba en respeto. En ningún caso nadie osó extralimitarse. Al contrario, siempre nos trataron como a hijas o como a hermanas pequeñas. Aun así, éramos conscientes del riesgo potencial que existía y jamás bajamos la guardia.

En el transcurso de estos seis meses, nuestro sustento fue tan básico como constante: bocadillos de pan con plátano y agua mineral. Nos movía una prudencia casi obsesiva, el miedo latente a caer enfermas en tierra desconocida, por lo cual evitamos tomar comida en los puestos de la calle, siempre abarrotados de lugareños, a pesar del calor sofocante. Sin embargo, cuando alguien nos ofrecía comida –una familia que abría su casa y su mesa o un conductor, durante una pausa en el viaje– aceptábamos con gratitud y hambre acumulada. Curiosamente, al terminar el recorrido de los seis meses, descubrí que había subido siete kilos. La prudencia y la economía nos habían obligado a consumir demasiados hidratos de carbono.

Estas experiencias nos llevaron a vivir el momento presente de manera auténtica y profunda. Las preguntas que nos hacíamos estaban relacionadas con la mera supervivencia: "¿Qué comemos hoy? ¿Dónde dormiremos? ¿Qué encontraremos en el camino?" Las elucubraciones quedaban atrás, pospuestas en lo superfluo. Fue impactante vivir Latinoamérica con esa liviandad y desde el interior de los pueblos: junto a su gente, conociendo su pobreza y su alegría. Quizá, la incertidumbre con que vivíamos cada día era similar a la que experimentaba el pueblo que nos acogía. Para nosotras representaba un anclaje y un aprendizaje constante. Cuando se viaja con todas las comodidades, si hay juicio, distancia y estereotipos, el viaje se convierte en un escaparate lleno de comparaciones entre la cultura desconocida y la propia. En nuestro caso no mediaban los frecuentes prejuicios culturales, que generan la clara escisión intercultural, porque deseábamos fundirnos con el medio, en el aquí y ahora, vivenciando el presente. No era difícil, pues se respiraba generosidad en cada rincón: las personas con las que nos cruzábamos en el camino nos compartían lo que tenían, por muy poco que fuera. Poco a poco constataba que el filósofo J. Rousseau tenía razón; confirmaba con mi propia experiencia que "las personas son buenas por naturaleza". Lo había leído en los libros y siempre había albergado esa convicción en mi corazón, pero ahora la estaba experimentando yo misma en este significativo viaje.

Después del proceso personal, profesional y espiritual que he vivido, mi concepción de los seres humanos hoy permanece intacta. Si bien es innegable que existen la crueldad y la violencia, la maldad no es indefectiblemente constitutiva de la naturaleza humana. Al nacer, no llegamos determinados para ser "buenos" o "malos". Por el contrario, salvo en evidentes excepciones de patologías genéticas, tenemos inicialmente todas las potencialidades. Luego desarrollamos las que, en interacción con el contexto familiar, escolar, social y cultural, modelan nuestra estructura psíquica y emocional y conforman nuestro carácter.

En este breve recorrido biográfico no pretendo realizar un ensayo al respecto ni citar autores concretos en los que baso mi posicionamiento ante la vida. Sólo quiero subrayar que sería francamente demoledor y determinista obstinarse en que la dualidad perceptiva y emocional en la que nos movemos en la sociedad tiene origen biológico y, por lo tanto, es inevitable e inmutable. Si así fuera, la humanidad estaría condenada, por definición, a un callejón sin salida de repeticiones incesantes. Es cierto que –como consecuencia de la historia infantil y de la ignorancia– en nuestra historia personal y social repetimos constantemente actitudes que nos dañan. Pero esto no significa, que cambiar sea inviable. De lo contrario, la confianza y la esperanza estarían ausentes en el futuro de la humanidad. Y, si bien es cierto que las guerras y la violencia son el reflejo de conflictos irresueltos en el plano individual, social y político, no es menos cierto que con un enfoque transformador desde la raíz, todavía hay espacio para intentar una interacción más saludable entre los humanos y con el medio ambiente.

Quiero aclarar que esta orientación vital, no implica negar la existencia de variadas semillas de diferente naturaleza –como bien lo señala la psicología budista– instaladas en nuestro inconsciente colectivo, que pueden brotar con fuerza en nuestra consciencia si las nutrimos con la ira, el resentimiento o el odio a lo largo de nuestras vidas. Estas semillas, inclinan, sin duda, la balanza hacia actitudes egoicas, destructivas y deshumanizantes, como presenciamos cada día y en cada época histórica. Numerosos estudios de psiconeurología e investigaciones de la teoría del apego demuestran que desde el nacimiento, en cuanto seres humanos, nuestra vulnerabilidad y dependencia requiere respeto, cuidados y atención amorosa, para tener un desarrollo holístico mínimamente equilibrado y saludable, independientemente del color, género o cultura de pertenencia. En el caso óptimo de que puedan desarrollarse estas cualidades humanas básicas, la infancia desembocará en adultos sociales y razonables con el propio abanico de emociones; casi seguramente no contribuirán a la psicopatología creciente en nuestra sociedad actual ni al aumento de líderes autócratas, carentes de escrúpulos y rasgos de humanidad. De hecho, siempre me ha interesado conocer la infancia de dictadores o de criminales o violadores. Pues, como sabemos en el ámbito de la psicología social –y también desde la perspectiva budista–, el análisis minucioso de su historia infantil y contexto social explican el inmenso sufrimiento vivido en la niñez, con maltrato y carencias afectivas elementales y su posterior proyección en la etapa adulta, a través del desprecio por la vida humana.

Poco a poco, fui experimentando una caída lenta, casi imperceptible, de prejuicios y creencias heredadas del mundo occidental. Un desprendimiento suave, pero profundo de lo aprendido durante años. Como si cada kilómetro recorrido desarmara un nudo en la forma de ver la vida y me permitiera ampliar mi percepción. En aquel viaje vi a personas libres de las separaciones ficticias que imponen las fronteras más allá de cualquier nacionalismo o racismo: vi al ser humano en su esencia y libre de barreras conceptuales. Un ser humano con anhelos universales similares: ser feliz, respetado y amado.

Después de Perú, nos dirigimos a Ecuador. Nuestra curiosidad nos llevó a intentar conocer la selva. Para ello, debíamos atravesar en una frágil e inestable barca el impresionante río Napo, de aguas turbulentas, marrones y caudalosas. A los lugareños, les llamaba la atención que no fuéramos con algún paquete y tampoco, acompañadas de un guía turístico. El barquero que nos llevó a la otra orilla presentaba marcados rasgos indígenas y, escuchando nuestra historia de viaje, nos ofreció que camináramos con él durante un día entero hasta su hogar. Atravesábamos la selva cerrada, guiadas por el barquero que, machete en mano, nos abría el camino de abundantes matorrales y árboles frondosos y de tamaños colosales. No sabíamos a ciencia cierta si podíamos confiar en él, aunque la intuición –que ya teníamos potenciada– no nos daba señales de alerta. La duda se nos mezclaba con la curiosidad y la necesidad de creer en su honestidad.

Caminamos durante horas ascendiendo hacia la selva profunda, cada vez más majestuosa y sobrecogedora. Al llegar, tal como el barquero había prometido, nos recibió su mujer en una construcción increíblemente rústica: una estructura de madera diáfana, levantada sobre palos, sin ventanas ni puertas. Todo era exactamente como lo había descrito. Le habíamos creído y no nos habíamos equivocado. La confianza se arraigaba día a día, una y otra vez, sin que dejáramos de ser prudentes.

Esa tarde, mientras escribía en mi diario, las hojas de un árbol, tan inmenso como cercano, se agitaban con violencia. Me quedé paralizada, sin saber qué esperar. Describí lo que estaba ocurriendo. Mi corazón latía con fuerza. Fueron unos minutos de alerta e incertidumbre, hasta que de pronto vi entre las ramas algo saltaba. Mi imaginario personal me devolvió un ser peligroso, de los que pueden celarse en una selva como aquella. ¡Cuál fue el asombro, al descubrir que el movimiento venía de una simple gallina del barquero! Sonreí con alivio y finalmente pude respirar. En ese momento comprendí claramente el mensaje, estaba atardeciendo y debía refugiarme en la casa, aunque no tuviera puertas ni ventanas. Antes de llegar, imaginaba que en un lugar tan prístino, durante la noche cerrada el silencio sería absoluto, casi sagrado. Pero nada estaba más lejos de la realidad: la noche selvática, ofrecía un concierto incesante de ruidos desconocidos, movimiento de animales, crujidos y ecos vivos. Toda una experiencia genuina, en plena naturaleza virgen. La vivencia había sido tan intensa, que decidimos renunciar a una propuesta atractiva pero también peligrosa, la de aproximarnos, a través de la selva, a los indios jíbaros.

Después de una noche en vela en aquella casa de madera sin muebles, ni camas, ni ventanas, ni puerta, al amanecer el barquero nos acompañó de regreso, entre árboles majestuosos y los sonidos desconocidos e inquietantes de la fauna ecuatoriana. De nuevo, tomamos un barquito endeble para atravesar el incansable y turbulento río Napo.

Después de esta experiencia, nuestro nuevo y anhelado destino era nada menos que a las emblemáticas islas Galápagos. No era un lugar al que se pudiera llegar en autostop, evidentemente. Debíamos encontrar una alternativa y, sin dudarlo mucho, nos encaminamos al único lugar donde podíamos pedir un "aventón": el aeropuerto militar de Guayaquil. Llegamos al aeropuerto militar, provisto de grandes medidas de seguridad. Nos presentamos como estudiantes que deseaban realizar un análisis de la flora y la fauna del lugar, pero sin medios económicos para costearse un trayecto que, incluso para turistas, era económicamente muy elevado. Nos miraron con asombro y nos respondieron que, para hacer una solicitud de ese calibre, debíamos esperar a que llegara el capitán.

Aguardamos con convicción. Pasamos tres días y tres noches allí; con extrema puntualidad, cada día a las seis de la mañana aguardamos con esperanza al capitán, en la puerta de entrada, para que nos diera la soñada autorización. Finalmente, al alba del tercer día, llegó el mando militar esperado. Su asombro, se reflejó con nitidez en su rostro: dos chicas, sin dinero, que querían viajar a las islas Galápagos en un avión militar, lleno de colonos. Parecía una propuesta un tanto descabellada. Después de dudar unos minutos –que fueron eternos– accedió a llevarnos. Amablemente, nos invitó a viajar en la cabina delantera del avión, junto a los pilotos. Aceptamos el "privilegio". Al iniciar el vuelo, con cordialidad nos ofrecieron unos cascos para comunicarnos entre nosotras, como si fuéramos parte de la tripulación. María y yo intercambiamos una mirada cómplice y dijimos en voz baja:

—Si estos creen que van a ligar con nosotras, están equivocados.

Ignorábamos totalmente que la cabina contaba con amplificador de sonido y que todos habían escuchado nuestros espontáneos comentarios autoprotectores. Al aterrizar el avión, el capitán sonrió y dijo:

—No se preocupen, no tenemos ninguna intención de ligar.

Aliviadas, continuamos. Al llegar a ese lugar maravilloso, con una biodiversidad extraordinaria, no podíamos conformamos con sólo pisar el suelo. Estábamos decididas a recorrer la riqueza exuberante de la fauna y la flora de sus islas. Fue así como decidimos iniciar la búsqueda de capitanes de barco que llevaban turistas adinerados a recorrer las islas, solicitando que nos dejaran subir como "polizontes". Prometíamos no consumir nada, ni crear ninguna interferencia durante el viaje. Disponíamos de sandías y plátanos, nuestra fuente habitual de alimento y por tanto, nuestra presencia, pasaría casi desapercibida. A pesar de nuestra actitud sincera, la respuesta era siempre la misma: "no se puede, el barco está lleno". Y esta vez no había ni jesuitas, ni monjas, ni campesinos solidarios.

A las seis de la tarde, hora del anochecer en los parámetros del ecuador, ya desesperadas, vimos a un hombre con rasgos incaicos en un barquito pequeño. Nos acercamos, le hicimos la misma propuesta. Nos miró y no contestó. Nosotras esperamos en silencio. Una vez que los turistas subieron a sus camarotes, nos hizo una seña discreta y nos permitió subir.

Efectivamente, esa travesía por las Galápagos fue

inolvidable: cumpliendo nuestra palabra de que no interferíamos con la tripulación, cada noche, extendíamos nuestros sacos para dormir en la cubierta del barco, bajo las estrellas. Los amaneceres eran espectaculares. Sin embargo, la brisa nos impedía sentir los peligros del sol abrasador. Nuestra piel al descubierto sufrió serias quemaduras y las ampollas eran visibles en rostro y cuello. El joven barquero, al comprobar los efectos del estar día y noche a la intemperie, se apiadó: nos permitió que de noche durmiéramos en el pasillo y de día, estuviéramos bajo cubierta protegidas del sol implacable. Finalmente, también compartió algo de la comida que ofrecía a los turistas.

Fue una semana de viaje indescriptible. Estábamos pisando la tierra que tanto había influido en Charles Darwin y el desarrollo de su teoría de la evolución. Durante el inicio de mi adolescencia, me había devorado su libro, publicado en 1859, sobre el origen de las especies. Allí, ante nuestros ojos receptivos y maravillados, se desplegaban un mundo biodiverso y sorprendente: tortugas gigantes, iguanas marinas, pingüinos y una amplia gama de reptiles, aves, peces y flora autóctona. Un día, mientras disfrutábamos de la travesía por mar de una isla a otra, pudimos bañarnos en las aguas del océano Pacífico. De pronto, el capitán gritó:
—¡Un tiburón!
Nunca en mi vida nadé tan rápido. Llegué a la escalera del barco y no recuerdo cómo subí a semejante velocidad. Tras el susto imprevisto, el capitán del barco logró capturar al intrépido tiburón. Allí mismo, fue cocinado y saboreado por la tripulación.

El recorrido por las islas Galápagos fue un privilegio que mantengo intacto en mi retina. El agradecimiento siempre estaba presente en nuestros contactos y así lo hacíamos saber. Aquel capitán de pocas palabras, pelo lacio y negro, como sus ojos, nos había proporcionado un viaje único e irrepetible.

Después de esa extraordinaria aventura, –y con ciertas dudas sobre la seguridad del regreso debido a nuestros comentarios en la cabina del avión– todo salió según lo previsto. Tomamos de nuevo el avión militar y regresamos a Guayaquil. En esta ocasión, habíamos aprendido la lección y mantuvimos prudente silencio, hasta aterrizar en el aeropuerto, llenas de gratitud.

Según el plan de viaje, nuestra intención era atravesar Colombia, pero el país ardía en intensas convulsiones políticas y parapolíticas: había tiroteos y peligros en cada curva del camino. En el autostop por esta zona tensa y peligrosa, el conductor se mostró preocupado por nosotras. Al llegar a Bogotá a media tarde, después de un largo viaje con amenas conversaciones sobre nuestras experiencias, inesperadamente, nos ofreció abonar una noche en un hotel para que tuviéramos un lugar seguro donde dormir. Le dijimos con claridad:

—Que nos pagues un hotel no te da acceso a ninguna de las dos. Si lo haces por generosidad, te lo agradecemos, pero no esperes nada más.

Él asintió. Nos compartió que tenía hijas y nos hacía la atenta invitación sólo para evitar que corriéramos un peligro bastante probable, dada la situación del país.

A pesar de que seguíamos agradeciendo estos actos de humanidad, el riesgo vital en Colombia era real y lo percibíamos a cada paso. En alguna ocasión, tuvimos que agacharnos mientras viajábamos, para evitar situaciones de alto riesgo. Por tanto, queríamos irnos de allí cuanto antes. De hecho, al día siguiente, pudimos continuar el viaje con ese mismo señor, que era representante de productos cosméticos y fuimos hacia Venezuela.

Al llegar a la frontera nos pidieron un visado, que no teníamos, y nos dijeron que no podíamos seguir. Sufrimos una decepción, pues debíamos retroceder los muchos kilómetros recorridos. Entonces, este hombre de negocios hizo algo de nuevo inesperado: nos compró un pasaje de avión a Panamá. Su solidaridad y generosidad, con dos chicas jóvenes y decididas a superar obstáculos, nos conmovió. Nunca más supimos de él, pero sus gestos nos confirmaron otra vez que, pese a la oscuridad, también existe la bondad humana.

Cuando aterrizamos en Panamá, continuaron los sobresaltos: mostramos nuestros pasaportes, la policía nos detuvo por unas horas. Veníamos del País Vasco y el hecho de que dos chicas jóvenes hicieran ese tipo de viaje, despertaba más sospechas que admiración. Les parecía inverosímil. Una vez comprobada nuestra inocencia, nos dejaron ir. Decidimos salir rápidamente de este breve y desagradable encuentro en Panamá y sin mirar atrás. Continuamos nuestro viaje en autostop, no sin dificultades. Nuestro destino siguiente era Nicaragua.

Nada más atravesar la frontera, nos encontramos con un país que estaba en pleno proceso revolucionario. Siguiendo nuestro plan de autoprotección habitual, contactamos a los jesuitas para solicitar un espacio seguro para pasar la noche y dormir. Nos informamos, escuchamos, tratamos de comprender las reivindicaciones del pueblo. A ambas nos interesaba conocer la realidad política, no tanto desde las jerarquías, sino desde las vivencias directas de la gente. Nos dimos cuenta de que las condiciones eran muy duras, las manifestaciones inundaban las calles y la presencia policial resultaba amenazante. No era seguro quedarse.

Seguimos rumbo a Guatemala, donde nos encontramos en pleno estado de sitio. No lo sabíamos cuando llegamos, pero las calles desiertas a las seis de la tarde nos despertaban cierta alerta. ¿Qué estaba pasando? En las calles, nadie a quien preguntar. Con nuestras pesadas mochilas, nos dirigimos al convento que habíamos localizado previamente y al llegar golpeamos la puerta, pero nadie respondía. Comenzábamos a inquietarnos ante la inseguridad que se percibía en el ambiente cuando, finalmente, la pesada puerta de madera se abrió. Una monja nos explicó, en voz baja, que había habido un golpe de Estado. Con premura y actitud protectora, nos acogió.
—¿No sabéis que estamos en estado de sitio? –preguntó. ¡Entrad rápidamente!

Todavía teníamos vivo en el cuerpo el recuerdo de la experiencia en Panamá y del inseguro paso por Nicaragua. En cuanto pudimos, decidimos abandonar con mucha precaución la ciudad. Antes de dejar Guatemala, fuimos a conocer las interesantes ruinas mayas de Tikal. Templos y pirámides que florecieron en los primeros siglos nos deslumbraron por su belleza y su enclave en la naturaleza. A lo largo del viaje, cualquier descubrimiento arqueológico o de índole social o cultural nos llegaba como una invitación para documentarnos un poco más, sobre el contexto histórico, cultural y social del lugar. Pero no se daban las condiciones para quedarnos. En esta ocasión decidimos tomar un autobús: no contábamos con los requisitos mínimos de seguridad para continuar en autostop. Si bien la curiosidad y deseo de exploración eran elevados, no lo era menos la prudencia y la observación *in situ* para cada reflexionada decisión.

Nuestro próximo y último destino era México. El país elegido tampoco garantizaba que el autostop o, siquiera, el autobús fueran medios seguros de transporte –tal y como nos corroboró un pasajero–. El bus anterior al nuestro había sido tiroteado y el conductor había muerto. Por tanto en esta ocasión, pese a la inquietante información recibida, no nos quedaba más opción que el autobús. Así, con temor, pero con determinación, atravesamos la frontera para entrar a México.

Volvimos a recurrir al autostop. Primero fuimos al DF, donde encontramos un caos ensordecedor y vibrante. En nuestro viaje para llegar a la capital de México, lo primero que nos impactó fue la petición de "mordidas" por doquier. Más impactante todavía, significaba comprobar que la propia policía se llevaba la palma en esta actividad, tan frecuente como ilegal. Sabía de la existencia de la corrupción, pero desconocía que fuera tan manifiesta y sin ningún tipo de pudor. Estábamos parados en un semáforo en rojo, cuando un policía se acercó al conductor, pretendiendo denunciar, sin escrúpulos: "se ha pasado el semáforo en rojo". Su afirmación evidentemente falsa, no impidió que le sustrajera el reloj al conductor y dinero en efectivo para evitar una multa, aún más cuantiosa. Mi indignación e impotencia inicial fueron cediendo ante una práctica tan injusta como habitual, hasta hoy vigente. Esa noche como siempre, buscamos a los jesuitas o a las monjas para solicitar alojamiento. El mencionado señor que había sufrido la "mordida" ¡que tan bien él conocía!, simpatizó con nuestro viaje, tan apasionante como largo y arriesgado, según los países que íbamos atravesando.

En general, dormíamos y comíamos de forma muy, muy precaria, priorizando siempre la seguridad a la comodidad, aunque durante seis largos meses, hubo algunas excepciones. El conductor del coche, al conocer nuestra impactante historia, no dudó en pagarnos una noche en un hotel que se encontraba en uno de los imponentes rascacielos de la ciudad. Nos dejó en el hotel y siguió camino hacia su hogar. Este tipo de acciones espontáneas que se dieron algunas veces durante el viaje, nos conmovían. Comprobábamos que nacían del genuino deseo de ayudarnos, sin pretender nada de nosotras, salvo el reconocimiento explícito y las muestras de gratitud genuinas.

Esa noche, aún despiertas, percibimos un sacudida. Conteniendo la respiración, nos dimos cuenta de que temblaba la Tierra. Un fenómeno de entidad menor, según la gente del lugar. Para nosotras fue como mínimo, impactante. Era nuestra primera experiencia sísmica y deseábamos, naturalmente, no volver a repetirla.

Después de aquella noche en el hotel, salimos a la calle para conocer la ciudad. Pudimos observar el contraste socio-económico absoluto entre la población: las "villas miserias" –también recibían esa denominación en Argentina– era el único hogar de miles de personas: malvivían en chabolas deprimentes construidas en suburbios de la ciudad.

Tuvimos la oportunidad de convivir en una chabola, unos días. La familia que nos acogió en el DF compartió con nosotras lo poco que disponían. En una sala pequeña transcurría la vida de toda la familia extensa, con la chocante omnipresencia de la televisión. Estaba claro, que la distracción y el abotargamiento que proporcionaba la tv permitía distraer y sobrellevar una vida plagada de limitaciones. Nuestra gratitud era infinita ante la generosidad recibida en los humildes hogares donde la pobreza reinaba, pues aún en esas condiciones, éramos acogidas como miembros de la familia. Estos enormes contrastes fueron calando profundamente en mi corazón, derribando los pocos prejuicios que aún me quedaban, dando paso a la vivencia básica de hermandad y confianza en la humanidad –con ciertas excepciones, entre las que se encuentran la codicia y crueldad de los gobernantes–.

Mi viaje estaba llegando a su fin. Durante esos días me planteé la posibilidad de quedarme a vivir en México. Me imaginaba estudiando Antropología, carrera que también me interesaba. Me atraía sumergirme en las raíces de ese país inmenso y lleno de historia. Pero el *smog* de la capital era denso, sofocante y, poco a poco, fui soltando esa idea. En autostop dejamos el DF buscando destinos más amables. Recorrimos varias zonas, como Guadalajara, Isla Mujeres, Teotihuacán y, por supuesto, las ruinas de Chichén Itzá en Yucatán. La cultura maya era fascinante. El tiempo se agotaba: si quería llegar a tiempo para los exámenes trimestrales de Psicología en marzo, debía emprender el regreso. Ya había perdido la convocatoria de exámenes habituales en diciembre.

Durante casi seis meses cruzamos países, paisajes y silencios, hasta que finalmente llegamos a ese punto de inflexión donde la vida nos pidió elegir otros horizontes. Mi amiga decidió quedarse en México para comenzar una nueva vida; en mi caso, sentí con claridad que debía volver para finalizar lo que había dejado en pausa: mis estudios postergados, esa parte de mí que quería continuar profundizando y comprendiendo el mundo desde otros ángulos.

Antes de separarnos en Cancún, trabajamos durante una semana. En Isla Mujeres Nos habían regalado unos dientes de tiburón y con ellos hicimos colgantes de tiburón y cintas de terciopelo. Allí mismo, tuvimos la suerte de que nos permitieran montar un pequeño mercadillo en una fiesta del pueblo. Curiosamente, vendimos todos los collares, fue todo un éxito inesperado. Ambas necesitábamos ganar dinero: mi amiga María, para iniciar su adaptación en ese país desconocido; yo, para regresar a Europa.

Finalmente conseguí pagar un vuelo muy barato desde Miami a Londres, el más económico que encontré nunca. Y desde Inglaterra regresé al País Vasco en autostop. No me agradaba viajar sola, era consciente de estar más desprotegida. Sin embargo, nada ocurrió fuera de lo habitual. Muchos kilómetros, diálogos y fin del viaje. En la frontera con España, recibí una desagradable sorpresa. Me informaron que había habido un intento de golpe de Estado en España, por un tal Tejero. En ese momento temí no poder volver a entrar al País Vasco por mis antecedentes sociopolíticos. Busqué una cabina de teléfonos en San Juan de Luz —de esas que ya no existen— y llamé a mi hermano mayor para que me corroborara si era mínimamente seguro regresar en ese momento tan crítico. Me tranquilizó al informarme que el golpe de estado de Tejero había sido abortado. Respiré aliviada.

Finalmente, crucé la frontera el 3 de marzo, día del aniversario de las huelgas de Vitoria. Nada era casual. No me entusiasmó volver a Europa, con sus tonos grises, su ausencia de caos aparente y la previsibilidad de cada día.

El contraste con el colorido y variedad del viaje, así como la fortaleza que ofrece vivir en la incertidumbre, amenazaban con disolverse poco a poco en contacto con la realidad que tanto conocía.

Durante las semanas siguientes me concentré en el estudio. Vivía en Vitoria y cada día recorría 120 km para asistir a la universidad, en autostop porque no contaba con los medios económicos para otra forma de transporte. Paradójicamente, lo no me había sucedido en todo el extenso viaje por Sudamérica y los miles de kilómetros por sus carreteras desconocidas en vehículos ajenos, me ocurrió al poco tiempo que volví, en mi propio país. Una tarde, a mi regreso de la facultad, un hombre se detuvo a la salida para llevarme. Todo parecía normal, pero a los pocos kilómetros, sin mediar palabra, sacó una navaja y me la puso en el cuello con expresión imperturbable y un silencio cargado de amenaza. Atónita, le pregunté:
—¿Pero qué haces? –con forzada naturalidad, intentando romper la tensión y controlar mi indignación y temor–.
Él no respondió. Su silencio se volvió inquietante. En ese instante, a pesar del miedo que me recorría el cuerpo como una corriente eléctrica invisible, empecé a hablarle, no solo para tratar de disuadirlo sino también para recuperar, aunque fuera un poco, el control de la situación:
—Vengo de un continente al que llaman "tercermundista", donde me acogieron con los brazos abiertos y sin afrontar peligro alguno. ¿Y ahora, al regresar a mi propio país, me encuentro con este recibimiento estúpido? –dije con firmeza, aunque por dentro temblaba de inseguridad ante un peligro evidente–. Sabía, sin lugar a duda, que mostrar miedo sería una invitación a la violencia y no estaba dispuesta a cederle ni un centímetro de mi dignidad e integridad. Durante el resto del trayecto no quité la vista de la

96

puerta del coche, calculando en silencio la posibilidad de lanzarme a la carretera si fuera necesario, mientras segua hablándole con mezcla de rabia contenida y lucidez. Una nueva dimensión, basada en la confianza vital y de plenitud espiritual, me respaldaba en ese estado especial y sereno con el que había vuelto de América Latina.

El viaje, con el amenazador y empecinado silencio de su parte, se interrumpió bruscamente. En Vitoria, detuvo el coche en un semáforo en rojo; fue entonces cuando, con un gesto lleno de desprecio, bajó la navaja y dijo con voz ronca y arrogante: "ya sabes, no seas tan confiada". De inmediato abrí la puerta. No le respondí. Salí y rompí a llorar: sentí una gran decepción y furia, mezcladas con alivio. En mi propio país me encontraba con la otra cara de la moneda: la dura realidad de la perversión humana. Mientras que el viaje, cargado de incertidumbre y obstáculos materiales, me había abierto el corazón y la mente: había comprobado en primera persona, la bondad y dignidad de los más humildes.

No idealizo nada en absoluto. Por supuesto que la precariedad puede generar robo y violencia, pero no son los efectos obligados de la pobreza. Al contrario, los más poderosos y ricos del planeta son los que atropellan los derechos humanos, sin ninguna consideración. Durante mi experiencia de tantos meses en contacto permanente con diversas formas de humildad, no había encontrado ni un atisbo de mala intención. Sé, como profesional, que las causas de la violencia son complejas. La experiencia clínica demuestra que toda forma de violencia hunde sus raíces en la primera infancia. Tanto la ausencia de amor como el maltrato físico o psicológico padecido en la primera infancia, sumados al contexto socioeconómico y cultural, son esenciales para comprender esta lacra social.

Apenas me repuse de la conmoción, en casa de mis padres, a fines del mismo mes, tuve otra desagradable sorpresa. Una madrugada, irrumpieron en mi casa, esta vez no con una navaja sino con armas, uniformes y gritos: era la policía antiterrorista. Nuevamente, la hora fatídica de las 3 de la madrugada. Fue un sobresalto tanto para mis padres como para mí, que me encontraba muy lejos de esta absurda probabilidad. Mi espacio mental y emocional, todavía estaba centrado en "otro mundo", metabolizando la riqueza de mi viaje irrepetible. Registraron toda la casa, revolvieron cada rincón y se llevaron mis diarios de viaje, buscando, según dijeron más tarde, algún indicio de que hubiese tenido contacto con organizaciones políticas en mi paso por Nicaragua.

Fue aplastante para mi estado de ánimo sereno, centrado y confiado que sentía desde mi regreso. Un aterrizaje forzoso y aterrador. No estaba en absoluto preparada para una intrusión semejante y, mucho menos, para el trato irrespetuoso hacia mi madre en su propia casa y, luego hacia mí en la comisaria. Todavía en casa, mientras revolvían todo sin ningún miramiento, quise defender a mi madre señalando la improcedencia del trato hacia ella: "¡Por favor, un poco de consideración!" Sabiamente, mi madre me pidió que callara y así lo hice. No estaba en igualdad de condiciones para exigir un mínimo de respeto hacia mis padres.

En aquellos diarios no había ni rastro de lo que buscaban, pues nunca habían existido tales encuentros, por el contrario, contenían los recuerdos y emociones vividas durante el viaje. Fue como si me desnudaran y violentaran.

Pasé la noche encerrada en un calabozo, sin entender cómo había pasado tan rápido de la libertad luminosa de los caminos sudamericanos al encierro oscuro y humillante de una celda en el País Vasco. Tras sucesivos interrogatorios durante la noche y algunos golpes, al amanecer, con una actitud más irrespetuosa que la primera vez, me soltaron. No había ninguna prueba, ni resquicio de sospecha. Pero tampoco hubo ninguna reparación.

Desde mi regreso y superado ese desagradable incidente que sacudió mi serenidad e intimidad, mi cuerpo se sumió en un silencio profundo: por seis meses no tuve menstruación; apenas hallaba razones para salir de casa. No estaba triste, experimentaba una especie de retiro íntimo, la necesidad de proteger ese hallazgo intangible que se había despertado en mi interior. Soy consciente de que trataba de evitar " contagiarme" del sinsentido de la vida, de ese vaivén superficial y vacío que parecía arrastrar a tantas personas. Quería preservar, a toda costa, el estado de comprensión profunda que había germinado durante el viaje, esa mirada humanitaria para ver el mundo de otro modo. Las conversaciones cotidianas me resultaban vacías. Me sorprendía –y me dolía– la ligereza con la que las personas emitían juicios. "¿Cómo pueden hablar con tanta certeza de lo que no conocen?", me preguntaba.

En algún rincón de ese viaje, había encontrado el sentido de vivir. ¿Cuál? Simplemente: VIVIR, el momento presente, cada instante con una enorme gratitud ante el milagro de existir, disfrutando de la oportunidad que se nos ofrece para aprender y madurar durante el baile continuo de caer y levantarse entre el nacimiento y la muerte. No era una entelequia, una quimera. Tan sólo una comprensión profundamente íntima y serena, que muchos

verbalizan –como yo misma antes del viaje– como un tópico y una frase repetida pero no celebrada ni integrada
interiormente. Sentirla en los más hondo de mi ser era un
diamante vital que había transformado mi manera de percibir la vida. Lamentablemente, nunca la he vuelto a experimentar con tanta intensidad y claridad.

Años después, encontré la dimensión espiritual no religiosa. El viaje interior afianzaba mi experiencia sin necesidad de moverme por el mundo. Encontré paralelismos
muy significativos entre ambos tipos de recorridos: en el
plano espiritual el viaje se realiza a través de un camino,
basado, entre otras prácticas cardinales, en la observación
y la meditación. Los dos viajes me hicieron cuestionar juicios y prejuicios. En ambos casos, aunque con un lenguaje
diferente, existe el reconocimiento de la existencia del
ego, un constructo que separa y enfrenta si se ignora que
toda la humanidad necesita y desea el bienestar integral.
El puente entre las vivencias atesoradas en los viajes me la
ofreció la formación clínica en la noción de "coraza caracteromuscular" acuñada por Wilhelm Reich: la rigidez corporal, gestual y emocional se desarrolla como defensa ante
el sufrimiento para evitar frustraciones y experiencias dolorosas, pero nos aleja de la alegría de vivir. El paralelismo
entre el ego del mundo espiritual y "la coraza caracteromuscular" son asombrosos. Muchos caminos desde diversas disciplinas confluyen en el mismo punto: detrás del
ego, de la coraza y del sufrimiento, hay luminosos valores
humanos aplastados por la ignorancia, la codicia y la ausencia de amor.

Capítulo 7
Pasión por el conocimiento

Cuando regresé de aquel largo y maravilloso viaje por América Latina, estaba determinada: retomaría mis estudios universitarios que había dejado en pausa. Sentía que, a diferencia de muchos otros estudiantes, tenía una doble ventaja vital: por un lado contaba con la experiencia profunda y transformadora del viaje que me había abierto puertas insospechadas –tanto en mi concepción de la vida, como en la empatía de los procesos humanos–, además de una relativa apertura a la dimensión espiritual; por otro, la universidad de la vida, que había transitado a través del descubrimiento del modelo asambleario por seis años en el ámbito laboral. Ambas experiencias me habían despertado el deseo ferviente de entender más, de escudriñar no sólo la psique, sino también las complejas tramas de lo social, las estructuras invisibles que nos moldean. Confiaba en que la carrera de Psicología me ofrecería las herramientas para desentrañar muchos misterios de la vida humana.

Los dos primeros años me resultaron áridos, tediosos. Cursaba asignaturas alejadas de mis intereses, como Estadística o Psicometría, temas que no me estimulaban en absoluto. A partir del tercer año, en cambio, el contenido fue virando hacia terrenos mucho más afines a mi búsqueda interior. Las temáticas que estudiábamos encontraban eco en mí y me motivaban mucho. Psicoanálisis, Psicopatología, Psicología social, Psicología Evolutiva y Función de las Dinámicas Grupales, entre otras asignaturas, despertaron en mí, un creciente y genuino interés

Finalicé la carrera en los cinco años *standard*. Con la misma determinación e entusiasmo, cursé las asignaturas opcionales del doctorado e inicié mi tesis doctoral. Mientras yo estructuraba la investigación de la tesis doctoral, muchos de mis compañeros de carrera comenzaban a ejercer como psicólogos en consultas privadas. Por supuesto que contábamos con la formación académica inicial, pero, desde mi punto de vista, era precipitado ejercitar la profesión de esta manera, me preguntaba: "¿cómo puedo ejercer la profesión y atender en consulta a una persona, sin una preparación más profunda?" Sentía que necesitaba más herramientas, más comprensión, calar más hondo antes de realizar una intervención clínica adecuada de cada ser humano. Estaba a punto de finalizar la carrera, cuando se me presentó la oportunidad de ampliar los estudios universitarios a través de un estudio no academicista que me fascinaba.

Un profesor de Psicopatología nos informó sobre una presentación en Valencia, que despertó mi interés de inmediato: una especialización en Intervención Clínica con adultos y en Prevención Infantil, dentro del modelo psicocorporal Reichiano. Una mirada profundamente influida por la psicodinámica de la que parte, pero incorporando una perspectiva psico-corporal en el proceso terapéutico que, junto al análisis transferencial, favorece una comprensión más integrada y crítica sobre el origen de la neurosis y la psicopatología en general. Este enfoque hunde sus raíces en el trabajo de Wilhelm Reich (1897-1957), médico psiquiatra y psicoanalista que ya he mencionado, discípulo aventajado de Freud. Reich fue un pensador brillante, un auténtico pionero que se atrevió a ir más lejos, integrando cuerpo, mente, energía y sociedad. Tras romper con el movimiento psicoanalítico ortodoxo y con el partido comunista, desarrolló su propio paradigma; sostiene la unidad psico-somática del ser humano que conserva la memoria intacta de la propia historia infantil: desde la gestación, el parto, hasta los primeros años de vida. Reich –como ya he mencionado– habló por primera vez de la "coraza" anclada en la estructura psíquica y somática. Es un concepto complejo que más tarde se popularizó, y se banalizó, que apunta a las tensiones y bloqueos originados en la primera infancia. La "coraza" es un sistema defensivo contra el dolor que producen la carencia de amor y diversas formas de agresión exterior en el seno familiar y en la estructura social neurótica de la que provenimos.

No expondré en esta historia de vida los detalles el paradigma reichiano, pues hay otros contextos más adecuados para hacerlo. Sólo quisiera resaltar que me atrapó el planteamiento innovador de Reich quien, además, postulaba que para transformar la sociedad, había que hacer un cambio estructural desde la infancia y no tanto insistiendo con la revolución externa –tantas veces fracasada como lo demuestra la historia–. Yo misma había comprobado que la lucha social no bastaba para cambiar los cimientos de la sociedad. Me encontraba en una búsqueda crítica que trascendiera los modelos conocidos hasta entonces y me fascinó la coincidencia de encontrar a un clínico e investigador polifacético de su envergadura, que comprendía el origen del fascismo a través del análisis de la configuración psíquica de las masas y del cuestionamiento crítico de los modelos autoritarios de la familia. Sus teorías e investigaciones rigurosas aportaban respuestas ante la desilusión que había experimentado y también, a la necesidad de encontrar otra manera de abordar el cambio social a través de diversos medios preventivos que favorecieran relaciones más saludables.

Reich, coincidiendo en muchos aspectos con el mundo

psicoanalítico y difiriendo radicalmente en otros postulados significativos, realiza un análisis exhaustivo de la formación del carácter y del origen de la psicopatología en función del desarrollo psicoafectivo de los primeros años de vida y del contexto sociocultural y económico de la familia, escuela y sociedad. Partiendo de esta premisa esencial, la clave central del abordaje clínico se centra en la prevención de los trastornos emocionales durante la primera infancia. Esto implica un abordaje y cuestionamiento integral y global de modelos en el sistema familiar y en el sistema educativo y social.

Dentro de aquella extensa y rigurosa formación especializada para ser psicóloga clínica, se exigía el análisis personal. Era y sigue siendo un pilar ético y metodológico fundamental para poder acompañar con honestidad y profundidad a otras personas. Debería ser evidente que es esencial haber atravesado, uno mismo, el propio proceso terapéutico; solo así se evitan proyecciones o interferencias inconscientes en la relación con los futuros pacientes. Durante años experimenté el proceso de análisis psico-corporal personal. Más tarde, el proceso psicoterapéutico confluía con la didáctica especializada, que aportaba una amplia lectura y elaboración de textos y requería reflexión y entrega constante. La formación en Psicología Clínica fue, sin duda, profunda, exigente y transformadora. Duró once años y la compatibilice con otra especialización en el ámbito de la prevención, que me apasiona y sigo ejerciendo en la actualidad. En mi práctica profesional la desarrollo en diversos planos: conferencias, publicación de libros, formaciones a diversos colectivos, grupos de madres y padres…, porque la evidencia clínica, demuestra las ventajas del tópico popular de "más vale prevenir que curar".

Uno de mis terapeutas, durante la fase final de proceso de análisis psico-corporal, fue Federico Navarro. De origen italiano, era neuropsiquiatra, psicoanalista y terapeuta junguiano. Además, su contribución fue clave en la sistematización de la vegetoterapia caractero-analítica, metodología del abordaje psicoterapéutico reichiano que, por cierto, nada tiene que ver con los vegetales (como me solicitaban que aclarara en algunas entrevistas de radio o prensa). Federico Navarro tenía una mirada aguda, rigurosa y humana, que me marcó para siempre. Tuve la oportunidad de organizar varias conferencias en la Facultad de Ciencias de la Educación de Donostia con sus inestimables aportaciones clínicas. Y también, la fortuna de que me asistiera en el ámbito preventivo durante todo mi embarazo, hasta la consecución de un parto natural en mi hogar, libre de interferencias innecesarias y externas. De hecho nacer a la vida, desde el respeto y la empatía, debería ser un derecho incuestionable de todos los bebés del mundo, más allá de cualquier otra consideración social, si es que realmente apostamos por una sociedad más humanizada que la nuestra.

Para sostenerme económicamente, en aquella etapa que implicaba desplazamientos mensuales de San Sebastián a Valencia y sesiones regulares en la sede de la Escuela Reichiana, comencé a compaginar la formación con diversos trabajos relacionados con la psicología social y la prevención. Recorría los ayuntamientos presentando propuestas para realizar conferencias y talleres formativos. En la Escuela Reichiana conocí a Susana, una ginecóloga que realizaba partos en casa, que me propuso colaborar con su trabajo. Esta práctica profesional en grupo me permitió aprender de forma directa los beneficios del parto natural, tanto hospitalario como en casa, en un momento en que ninguna de las dos éramos todavía madres. Mi labor en estos grupos de preparación de parejas embarazadas y parto consistía en aplicar, desde el conocimiento del psicoanálisis, una mirada más profunda de los procesos emocionales que vivencian las mujeres gestantes. Había escrito mi tesina de licenciatura sobre los temores y dudas que surgen durante la gestación, desde un enfoque psicoanalítico estricto, pues aún no estaba formada como clínica ni en la especialidad de prevención infantil, puesto que daba mis primeros pasos profesionales.

Aquella experiencia junto a Susana me abrió nuevas puertas: comprendí que no se trataba sólo de interpretar síntomas y causas desde una perspectiva inicialmente psicoanalítica, sino de respetar profundamente los procesos naturales, de sostener sin interferir cada proceso y, en definitiva, de *empoderar a la mujer* para que pudiera vivir su parto como el mayor acto de entrega al Amor y libre de violencia obstétrica. Consideraba que aquella mirada profesional era mucho más integradora, más humana y más enriquecedor. No solo transformaba mi forma de concebir la psicología durante el embarazo, sino también mi manera de observar los procesos corporales, la vida y la propia naturaleza.

Cuando obtuve mi título como Psicóloga Clínica formada en el modelo y la metodología reichiana, así como la especialidad en el modelo de Prevención Infantil, empecé a ejercer como psicóloga clínica. Con mi pareja, y luego padre de nuestra hija, también psicólogo clínico, abrimos un Centro de Psicoterapia y Prevención infantil en San Sebastián y comenzamos a recibir pacientes de manera privada. La respuesta fue extraordinaria, lo que demostraba la importancia de tener una formación sólida.

Muchas personas solicitaban cita para diagnóstico, valorando que esta metodología clínica era más profunda y eficaz que la del psicoanálisis tradicional o de la incipiente psicología cognitivo-conductual. Desde nuestra práctica clínica y siempre bajo una estricta supervisión, iniciamos los procesos psicoterapéuticos, a través del análisis y de la disolución de la coraza caracteromuscular, según un modelo riguroso y respetuoso del ritmo individual de cada paciente. Enseguida tuve la agenda llena y pronto, ¡lista de espera! Otros compañeros formados en el paradigma reichiano también abrieron sus consultas en distintos puntos del País Vasco. Y continué dando conferencias: el hecho de que Federico Navarro acudiera a la Facultad de Psicología a impartir conferencias me facilitaba y apoyaba en mis inicios profesionales. Estaba teniendo una expansión inesperada.

Sin embargo, antes de continuar de lleno en el desarrollo de mi carrera, decidí que era el momento de atravesar otra etapa vital: ser madre. Sentí una llamada muy fuerte que no pude ni deseé ignorar. Esa experiencia me transformó en otros niveles, de los que hablaré más adelante. Además, debo manifestar, que la maternidad enriqueció y amplió, mi práctica profesional. Como muchas mujeres con una carrera, esperé a la finalización de mi preparación profesional para adentrarme en la maravillosa aventura de la maternidad. Después de años de estudio teórico, había decidido que el nacimiento de mi hija, y posterior crianza, se erigía como prioritario frente a cualquier demanda profesional. Desde este intento de coherencia presente en mi vida al menos en el plano de la consciencia, a partir del nacimiento de mi hija reduje el número de las sesiones hasta, tan sólo, una al día. Mi objetivo era claro: atender las necesidades de mi bebé, para amamantarla o para cubrir cualquier otro tipo de demanda incuestionable durante la etapa bebé, para lograr un vínculo seguro. Los pacientes, previo cambio de encuadre, comprendieron y colaboraron con esta práctica restrictiva en cuanto al número de sesiones durante unos tres años.

Con la maternidad, comencé a decantarme todavía más por la atención de la prevención infantil, que constituía una mirada más radical, más profunda y que daba mejores resultados para evitar el sufrimiento estéril en la primera infancia. Sin embargo, nunca renuncié al valor y la función de la atención clínica para adultos. Participaba en una asociación sin fines de lucro llamada Zelaun, constituida por médicos, ginecólogos, matronas y enfermeras, de la que luego fui presidenta. Nuestra asociación reivindicaba la "no separación de la madre y el bebé" en el mismo momento del nacimiento, práctica habitual y rutinaria en los hospitales. Sabíamos que dicha práctica respondía a un protocolo obsoleto, que requería un reciclaje y diversas adaptaciones específicas para los profesionales sanitarios: matronas, ginecólogos y enfermeras. Además esta demanda de humanización del parto continúa siendo una reivindicación de numerosas asociaciones del parto natural: actualizar los protocolos y cuestionar la prácticas rutinarias sin fundamentación científica. Se consideraba que la separación forzada de la diada madre-bebé era inocua, a pesar de los llantos desesperados de los bebés y el desconcierto de las mamás. El objetivo de esta separación perversa, por antinatural, es la supuesta revisión del estado de salud de cada bebé, mientras se está ignorando el sufrimiento innecesario que comporta en los recién nacidos. Y al mismo tiempo, se decía que se deseaba favorecer del descanso de la madre recién parida, quien lo único que realmente desea es permanecer junto al bebé recién nacido. Además de otra serie de tópicos antinaturales sin base científica. Tales prácticas rutinarias pueden provocar ciertas alteraciones en el inicio del vínculo, siendo totalmente innecesarias en el marco de unas condiciones mínimas de salud. Numerosos estudios demuestran que tal separación carece de sentido. Grandes obstetras como Leboyer y Michel Odent y clínicos como Reich, pionero en este campo, ya denunciaban el sufrimiento innecesario en la vulnerabilidad de los neonatos y, entre otras consideraciones, denunciaban que dicha separación interfería en la interacción de la diada madre-bebé, dificultando como consecuencia, el inicio de la relación vincular.

En el año 2000 hubo un cambio estructural en la consideración profesional de la diada madre-bebé: para analizar esta recurrente y nefasta problemática en la asistencia al parto natural, desde Zelaun organizamos un congreso a nivel europeo en el palacio de María Cristina de San Sebastián. Asistieron más de doscientos profesionales de la salud, entre los que destacaban ginecólogos, obstetras y matronas de toda Europa. Tuvimos el privilegio de contar con la presencia de Michel Odent, quien era y sigue siendo una referencia internacional en relación con los beneficios del parto natural y el nacimiento sin violencia. También acudió la prensa, para publicar las ponencias y conclusiones del Congreso. Dado que era la presidenta de la asociación, me realizaron varias entrevistas publicadas en los medios de comunicación, que tuvieron mucha repercusión en el ámbito hospitalario. Uno, fiel al estilo de la prensa sensacionalista, tituló: "El hospital María Aránzazu de San Sebastián separa a los bebés de las mamás de manera rutinaria, práctica que la presidenta de Zelaun considera negativa e innecesaria para la salud de ambos". Tan sólo unas horas después, recibí la llamada del director del hospital, pues el titular del periódico implicaba un cuestionamiento directo a la reputación del centro hospitalario, referencia importante en la comarca. Previamente, ya habíamos establecido contacto con este director y ante nuestros planteamientos, avalados por la documentación de las investigaciones pertinentes, se había mostrado receptivo. Sin embargo, su actitud defensiva del *statu quo* sanitario era justificada ya que todo este cambio implicaba la modificación de prácticas rutinarias arraigadas en el personal. De poco sirvieron sus resistencias iniciales al cambio. Más bien al contrario, como efecto de los titulares, la dirección tomó una decisión drástica y, en menos de una semana, implementó todos los cambios necesarios, a los que se había negado acceder durante meses de negociación.

Este giro brusco generó muchas dudas y controversias, tanto entre el personal sanitario como entre las mujeres que acudían a los paritorios, pues carecían de la necesaria información. La perplejidad fue momentánea, se superó ante la evidencia de los beneficios operados y constatados en el bienestar de los bebés y sus madres. De esta forma, al abolir las prácticas innecesarias anteriores, el Hospital Aránzazu se convirtió en una referencia de parto humanizado en el País Vasco.

Una de mis mayores satisfacciones –tanto profesionales como personales– es haber contribuido junto a otras asociaciones a evitar la práctica inhumana de separación madre-bebé en el momento más delicado de la vida: el nacimiento. Este tema tenía mucho que ver conmigo. Mi madre, embarazada de su hija pequeña, se había quedado a cargo de dos hijos pequeños de seis y cinco años en Vitoria, mientras mi padre emigraba a Argentina buscando un destino más adecuado para la familia. Cuando sobrevino el parto, acudió sola al centro hospitalario. Después de varias horas de contracciones, finalmente nació la bebita, que ella tanto anhelaba desde su primer embarazo. Pidió una y otra vez que le permitieran tomarla en brazos y amamantarla. Mi cunita estaba separada tan sólo dos metros de su cama, pero la prohibición era tan estricta como insensible:

—No se puede, debes esperan cuatro horas para sacarla de la cuna.

—Pero ¿por qué? –preguntaba mi madre insistentemente ante mi llanto desconsolado–.

—Porque es así, –le respondieron; simple y absurdo protocolo inhumano–.

Aquellas horas, fueron demasiado lentas para una madre que anhelaba tomar a su bebita en brazos y calmar un llanto desesperado. Cuatro largas horas de espera, separadas por dos metros, por la absoluta y rígida restricción de no tocarme. Pasado "ese tiempo reglamentario" sin que mediara ninguna intervención médica, puesto que todo estaba bien, la autorizaron a calmarme en sus brazos.

De aquella vivencia, guardo un legado físico que me recuerda cada día la crueldad o la ignorancia con la que todavía se recibe a los bebés en muchos lugares del mundo: a los pocos días, mi madre observó una hernia en la parte superior del ombligo de su bebita. Los médicos, no le dieron importancia, tan sólo dijeron "Quizá haya sido de llorar. Hay que vigilarla".

Reconozco que tengo la profesión que más me satisface. Y no es casual. Algunas experiencias vitales, predisponen para la empatía y la comprensión. Mi tolerancia ante el sufrimiento y el llanto infantil *no atendido* y *no comprendido* es muy baja y me alegro de que así sea, para ejercer la ayuda necesaria, allí donde sea posible.

Durante años, me dediqué tanto a la práctica clínica como a la actividad preventiva en la ciudad de Donostia, impartiendo numerosas conferencias y talleres. Llevaba tiempo reflexionando sobre cuándo sería el momento idóneo para iniciar mi camino en la autonomía institucional Finalmente, decidí cerrar esta etapa, abandonando la escuela de Terapia reichiana. No obstante, seguí estudiando, pues era consciente de que aún había piezas que integrar, aspectos que merecían mayor profundización. Entonces, me sumergí en la Teoría del Apego que ya conocía. Quedé fascinada por la solidez en sus investigaciones y la precisión con la que explicaba la creación y función de los vínculos afectivos en las primeras etapas de la vida. Comprendí que aportaba una imprescindible dimensión complementaria al paradigma reichiano, que había sido hasta entonces mi eje y aún hoy lo sigue siendo. Poco a poco, realicé la unificación y la síntesis de ambas perspectivas: las aportaciones e investigaciones del paradigma reichiano a nivel clínico y preventivo y las revelaciones científicas de la teoría del apego de J. Boblwly.

Desde que se constituyó la asociación internacional I.A.N, también integro este movimiento que estudia e implementa los conocimientos de la teoría del apego en la práctica clínica y en el fomento de la salud infantil. Más adelante, formé mi propia asociación con personas a las que había formado yo en el campo de la promoción de la salud y prevención infantil. Realizar la síntesis de ambas corrientes –de la teoría reichiana y la teoría del apego–, me posibilitó profundizar en este modelo que tanta satisfacción me ha ofrecido a nivel profesional. Desde entonces, participo como ponente en numerosos congresos y realizo formaciones, atiendo a familias y grupos, sin olvidar la práctica clínica con adultos. Gracias a la integración que realicé, nació un programa que titulé "Promoción de la salud y prevención infantil" dirigido tanto a profesionales de la salud, como a madres y padres. Consideraba –y sigo considerando– fundamental que la mirada preventiva no se limite al embarazo, sino que acompañe a las familias a lo largo de todo el proceso de crianza, desde el nacimiento hasta los dieciocho años. Fundé un centro terapéutico – Asociación APIR, en la actualidad APPSI– en el que organizamos grupos especializados de madres y padres estructurados por etapas: de dos a siete años, de siete a doce y de doce a dieciocho. También inicié un grupo de carácter gratuito, que hoy en día sigo coordinando, para acompañar desde el embarazo, el parto y hasta los dos años de vida del bebé todas las dudas y miedos habituales en esta etapa de extrema vulnerabilidad. Lo concebí como una contribución social, parte fundamental de mi práctica profesional.

También me incorporé al área de salud e infancia del Ayuntamiento de San Sebastián, que se puso en marcha justo en el momento en que inicié mi colaboración profesional con esta Institución. Participé durante una década como responsable del área formativa en el campo educativo. Con el equipo colaborador formábamos a educadores infantiles, al profesorado de Educación Secundaria Obligatoria y a profesores del Bachillerato, desde una mirada de psicología profunda preventiva y de cambio en consonancia con las necesidades de la primera infancia y la adolescencia. Aquella etapa fue intensa y no muy fácil. El programa sobre Prevención infantil en las llamadas "guarderías" (ahora "escuelas infantiles") era complicado debido a que manifestaban el temor a que un cambio de intervención con los bebés cuestionara su función laboral. Al principio erigían rígidas resistencias ante la teoría del apego y la función incuestionable de respetar los vínculos entre la primera infancia y sus cuidadores principales. La práctica habitual era precisamente la contraria: evitar que los bebés se vincularan con una referencia específica para evitar el "apego" y el consecuente llanto ante el cambio del personal referente en continuo movimiento laboral. Aún a pesar de las resistencias, los progresivos cambios en la dinámica relacional eran cada vez más notorios y significativos. Poco a poco, también logramos implementar los llamados "periodos de adaptación" inexistentes en esa época, salvo en una escuela llamada Antzuola, pionera en la provincia, en la aplicación del respeto a los vínculos infantiles en la escolarización temprana: los cuidadores principales debían acompañar a las criaturas desde el inicio y hasta su total adaptación al centro escolar, sin la presencia del miedo y del llanto.

Temas de toda índole fueron cuestionados y progresivamente modificados. Mi experiencia profesional durante la intervención municipal queda ampliamente registrada en los libros que publiqué posteriormente. El departamento de Bienestar e Infancia se creó específicamente a raíz de los programas de las formaciones ofrecidas en todo el ciclo educativo. Estos programas, no finalizaban en el plano institucional municipal. Tuvo también ramificaciones en los centros de salud con embarazadas y bebés de toda la ciudad. Llevó años realizar cambios.

Con el tiempo, los centros educativos de la ciudad solicitaban *in crescendo* una atención formativa en este campo. Como coordinadora de diversos programas simultáneos, yo me encontraba totalmente desbordada. Para dar respuesta a esta creciente demanda, los técnicos del Ayuntamiento plantearon un concurso para la elección de profesionales. Para ello, me asignaron la ingrata labor de elegir un equipo de psicólogos que estuviera de acuerdo con aceptar recibir un curso intensivo en el modelo citado. No fue fácil tampoco. Eran buenos profesionales formados en otras orientaciones y debían acceder, a petición del Departamento de Bienestar e Infancia, a una preparación específica en mi modelo de intervención. Se trataba de evitar contradicciones y garantizar la coherencia en el cuerpo teórico y práctico para todos los ciclos de los centros educativos de la capital. Durante este proceso, constatamos cambios constantes y progresivos, tanto en los contenidos básicos, como en la intervención de conflictos en el aula en las diferentes etapas educativas. También se beneficiaban de este modelo preventivo, siempre gratuito y libre, los monitores de tiempo libre que atendían tanto a adolescentes como a un amplio abanico de población vulnerable.

Todo parecía seguir su curso, hasta que repentinamente hubo un intento de freno inmediato. Estaba de vacaciones en Galicia durante el mes de agosto. Me llamaron muy preocupados los técnicos del ayuntamiento para comunicarme que habían recibido una llamada importante, que pretendía paralizar los programas formativos que llevábamos años impartiendo.

—Pero ¿quién ha sido? No entiendo… ¿y precisamente en agosto?

La respuesta fue sorprendente e inesperada:

—Ha sido el alcalde.

—¿Cómo? ¿Odón Elorza? Pero ¿por qué? –preguntaba sin dar crédito– ¿Cuáles son los motivos?

Mi contrato, sujeto a renovaciones anuales, me daba cierta libertad de decisión. Tras de un momento de estupor, dije:

—Esto es inaudito, por favor, concretadme una cita con el alcalde.

La respuesta fue inmediata:

—No te preocupes, lo gestionamos nosotros. Disfruta de las vacaciones.

Cuando regresé, me puse en contacto con el servicio técnico para que me pusieran al tanto de los resultados. Trataron de tranquilizarme afirmando que estaban en fase de resolución y que me informarían puntualmente.

—Somos los primeros interesados en que continúen estos programas.

Efectivamente, como todos los años, se iniciaron los programas formativos, con una novedad: además de la evaluación anual del alumnado, que valoraba la calidad de los contenidos y su metodología global con resultados óptimos, tuve una auditoría externa e independiente y otra valoración de la mismísima Universidad. Que la Universidad interviniera para evaluar los cursos impartidos durante años, suscitaba interrogantes teñidos de cierta sospecha, que más tardes fueron corroborados.

Al principio, no entendía que estaba ocurriendo. Los técnicos negociaban con el alcalde y yo trataba de dilucidar el sentido de aquel intento de interrupción. La explicación de Odón fue extraña y bastante fuera de lugar:

—Yolanda no tiene conocimientos en euskera para poder permanecer en una institución vasca.

Era verdad. Había transcurrido mi infancia en Argentina y, ya en el País Vasco, había intentado varias veces sumergirme en el idioma, pero no contaba con el nivel necesario para impartir docencia en euskera. Sin embargo, la respuesta de los técnicos no se hizo esperar:

—Odón, tampoco tú manejas el euskera…

El alcalde era miembro del PSOE, ni tan siquiera del PNV, el partido nacionalista de larga trayectoria enraizado en algunos amplios sectores de la cultura vasca.

En esos meses continué impartiendo las sesiones semanales. Gracias a las tres evaluaciones, del alumnado, de la
auditoría independiente y la evaluación de la propia facultad. Todos los resultados eran excelentes y cursaban con
petición de reciclaje continuado. Me sentía perpleja. No
deseaba mantenerme en un puesto interferido sin funda-
mento por una "mano negra" de las altas estancias:
¿Odón? Un político con intereses de partido, que desconocía los programas formativos. ¿La Universidad? Paradójicamente, la facultad de corte marcadamente progresista en
la que me había formado años atrás había sufrido un giro
inexplicable hacia una concepción diferente de la psicología: se estaba imponiendo la orientación cognitivo-conductual. Era evidente que ocultaba intereses propios para
abrirse camino en los programas municipales.

Quise abandonar la dirección de los programas formativos, pero estaba sujeta a un contrato institucional. Entonces, anuncié con anticipación que renunciaría al término
del contrato, no estaba a dispuesta a continuar ante tanto
bloqueo e intriga institucional. Una decisión difícil, pero
necesaria que coincidía con otra motivación existencial:
había llegado el momento de abandonar el País Vasco y
cambiar de vida en otro destino: el Mediterráneo.

Tiempo después, tras varias reflexiones, el equipo organizativo y yo comprendimos las razones de tal intervención intrusiva: "Había llegado demasiado lejos realizando
cambios en la estrategia educativa. La Institución consideraba peligrosa esta innovación formativa, por sus implica-
ciones en el área familiar y social". En aquel momento, la
psicología cognitivo conductual se presentaba como menos exigente y estaba en auge en Europa y de forma incipiente en nuestro país. Entonces, una intervención

psicosocial con una sólida base en Piscología psicodinámica y preventiva, centrada en las causas del sufrimiento
individual y social, como la nuestra, constituía una amenaza que cuestionaba la paradoja "cambiar todo para que
nada cambie". El ámbito político y la dirección universitaria preferían la implementación de un modelo más *light*
que frenara el programa de prevención infantil de trastornos emocionales, que se iba extendiendo por los pueblos y
otras provincias.

Había dedicado diez años de formación en el ámbito
infantil y adolescente realizando mi intervención directa
con los equipos directivos de cada centro educativo, com-
plementado con el abordaje de escuelas de madres y padres sobre temáticas basadas a la teoría del apego y otras
disciplinas. Había contribuido de manera contundente al
cambio en positivo. Y así fue. Los colaboradores técnicos
del ayuntamiento que durante años habían formado parte
en estos programas, incluso en grupos a mi cargo, confirmaron con mucho dolor, que desde que yo dejé de coordi-
narla, la formación cambió de rumbo y de orientación: desaparecieron muchas intervenciones preventivas; fueron
sustituidas por prácticas cognitivo-conductuales de índole
más superficial y menos comprometida. No pasó mucho
tiempo antes de que el rumbo de los programas "fuera a
peor", según el diagnóstico de los propios técnicos municipales, responsables de la organización.

Atrás y con gratitud, dejaba una experiencia más, en
esta ocasión, de gran calado profesional. Había comprobado que, no sin dificultad, podían realizarse transformaciones estructurales en beneficio de la salud emocional y
psicosocial de la primera infancia y la adolescencia. Los
cambios puntuales existían y eran esenciales, pues

representaban semillas de esperanza en el vasto océano de la consciencia del ser humano. Mantengo, hoy como entonces, la convicción de que sólo a través de un trabajo personal y terapéutico que refleje el deseo de cambio radical de la estructura social, podríamos llegar a vislumbrar un futuro con mayor salud y bienestar global para la humanidad.

Mucho por hacer, mucho por transformar.

Capítulo 8
Nace un bebé, nace una madre

Las motivaciones para que muchas mujeres opten por la maternidad son tan variadas como complejas. Algunas aceptan embarazos no deseados, otras los persiguen con anhelo; unas se dejan llevar por tópicos, mientras otras fantasean con llenar así su soledad o, incluso, dar sentido a sus vidas. La psicología ha estudiado ampliamente las razones que subyacen a la elección de la maternidad. En tal campo, existe una controversia de fondo que aún genera debate: ¿existe realmente un "instinto maternal" o, más bien, se trata de un deseo construido, moldeado por la historia personal, el entorno y las circunstancias sociales? Recuerdo el impacto que me produjo la lectura de una de las autoras que aborda este polémico tema. Elisabeth Badinter, filósofa y feminista, cuestiona el instinto maternal defendido convencionalmente, refutando su existencia ante el postulado de deseo de embarazo. Complementé esta lectura inicial con otras muchas, tanto durante la elaboración de mi tesina de licenciatura –centrada en el embarazo– como cuando inicié la tesis doctoral, que abandoné para orientarme en la especialización de Psicología Clínica. Pues no es necesaria una tesis doctoral para afirmar que no todas las mujeres desean ser madres; esta realidad es incuestionable y legítima. Tanto los hombres como las mujeres son libres de asumir la paternidad y la maternidad. Otra cuestión es que esta asunción, en caso de producirse, derive en una decisión consciente y responsable.

Cuando siendo muy joven, a los dieciocho años, me inicié en el movimiento social y asambleario, mi concepción de la maternidad respondía a ideales poco maternales. Desde mi perspectiva actual acepto, sin emitir juicios negativos, estas paradojas en mi recorrido vital. A medida que se madura y se toma consciencia, se acepta la posibilidad de ir modificando patrones de pensamiento iniciales. En aquella etapa de mi apasionada juventud, sostenía que las mujeres debían ser totalmente soberanas para realizar una elección libre en su destino profesional y personal. Pese a que simpatizaba con algunas reivindicaciones del movimiento feminista, no necesariamente me identificaba con él. En mi búsqueda instintiva de autonomía, me arriesgué a escribir algún corto artículo para explicar la hipótesis de que la lactancia materna condicionaba el desarrollo de los proyectos personales. Como alternativa más viable, defendía la opción de que existieran guarderías para todos. La inmadurez y la ignorancia explican esta creencia inicial en mis primeros años de juventud, tan sólo centrada y comprometida con el cambio social. ¡Cuánto cambio puede darse en una sola vida!. Una sonrisa de complicidad conmigo misma y de comprensión, se dibuja en mi rostro al recordar la evolución vivida gracias a la formación y la experiencia personal.

Desgraciadamente, la demanda de "guardería para todos" es una reivindicación presente en la actualidad, desde la supuesta conciliación laboral y familiar. Sin embargo, también son muchas las asociaciones que defendemos el derecho a una excedencia retribuida durante los dos primeros años de vida, para favorecer el ejercicio de una maternidad y paternidad responsable. Menos inversión en gastos militares y más en políticas sociales y preventivas.

Después de convulsas pero enriquecedoras pruebas vitales, de obstáculos y superación, sentía que mi percepción de la existencia iba transformándose: la resiliencia, se convertía en una fiel compañera de viaje. Los saltos de continente y de culturas que experimenté desde el nacimiento, la inmersión en el movimiento asambleario y sus consecuencias, el viaje iniciático por Sudamérica, la extensa formación y el análisis personal en psicología, entre otras circunstancias, me invitaban en ese momento, a pasar a una dimensión diferente y más íntima de la vida: mi propia maternidad.

Decidí terminar toda la formación antes de entregarme por entero a un mundo, en concreto, desconocido, aunque muy familiar en la teoría. Ya había satisfecho mi deseo de viajar por Europa, África y América y, ahora, sentía la llamada irresistible de ser madre. Nunca pude determinar con exactitud si respondía a un instinto visceral o a un deseo profundo de dar vida; sin embargo, era una fuerza que llamaba a mi corazón con insistencia. Me sentía realmente preparada para esta nueva aventura y, de esa manera, junto a mi pareja dimos la bienvenida a un embarazo muy deseado y consciente. Consciente de las renuncias voluntarias que implica la llegada de la nueva criatura al hogar y del cambio interno que en innumerables aspectos conlleva la maternidad.

Me quedé embarazada de inmediato, y sin dificultad. Percibí con nitidez el momento exacto y el lugar donde se iniciaba este milagro de la existencia. También otras mujeres han compartido esta percepción energética, difícil de explicar con palabras. Aunque según los manuales de ginecología, psicología y obstetricia, los movimientos del feto se perciben solamente a los cuatro meses y medio o cinco, tengo plena certeza de la nítida sensación del primer movimiento, antes de cumplir los tres meses de gestación. No olvidaré la sensación tan increíble, por novedosa y simbólica: Me encontraba nadando en el Cantábrico cuando sentí un delicado aleteo, suavemente perceptible que anunciaba el incipiente movimiento de un nuevo ser en mi interior. Me emocionó sentir otra vida, en mi propio ser. La primera persona a la que anuncié el embarazo fue mi madre. La llamé por teléfono desde San Sebastián.

—Mamá, tengo que darte una noticia.

—Dime hija –me contestó con tranquilidad.

—¿Tienes una silla cerca? –le pregunté.

—Sí –dijo, con una curiosidad creciente.

—Pues, siéntate, por favor.

Mi madre asintió y, siguiendo mis instrucciones, buscó la silla más cercana para acomodarse. Tan sólo era un gesto simbólico para anunciar una gran alegría.

—¡Estoy embarazada! –revelé finalmente, con mucho entusiasmo.

Al otro lado del teléfono, sin embargo, hubo un breve silencio que en los primeros instantes, no supe cómo interpretar.

—Mamá –pregunté. ¿Me has oído?

Mi madre ya era abuela de tres nietos, a los que atendía con amor y dedicación siempre que mis hermanos mayores se lo solicitaban. Me sorprendió su silencio, pero enseguida lo entendí.

—¿No te alegras, mamá?

—Sí, hija. ¡Claro que sí! Pero... es que tú eres tan libre... y va a ser un gran cambio para tu vida –reflexionó.

Efectivamente, el cambio sería radical... pero por unos años. Mi madre había sido testigo de mi evolución y sabía que no siempre había sido fácil. En ese momento yo estaba muy bien situada, profesional y personalmente, y la crianza requeriría una pausa significativa. En lo más profundo de su ser, el estilo de vida que yo llevaba hasta ese momento representaba la libertad que ella, por su generación anclada en el patriarcado estricto, no había podido disfrutar. Sin embargo, percibí su apoyo desde el principio y durante todos los años que siguieron.

Me sentía preparada para parir en casa. Había muchos prejuicios y miedos sobre esta práctica natural y ancestral –y aún los hay–, a pesar de que se cuenta con las garantías necesarias y las condiciones mínimas adecuadas para sumergirse en esta maravillosa oportunidad de abrazar al nuevo ser, sin interferencias externas innecesarias. Es bastante común en los Países Bajos y poco a poco, también comienza a ser una opción valorada por mujeres conscientes y preparadas.

Durante todo el embarazo continué mi análisis con el neuropsiquiatra Federico Navarro. Fue una hermosa experiencia, salvo por su costumbre de fumar un cigarrillo en la sesión, error que inmediatamente corregía al recordar que yo estaba allí. Estuve activa profesionalmente, dando conferencias y atendiendo a mi práctica clínica y preventiva. Sin embargo, era consciente de la importancia del cuidado integral de mi cuerpo, la alimentación, el deporte y el descanso.

Llegó el día del parto. Sabemos que cada parto es único en la historia de una mujer, como lo es el nacimiento de un bebé, estando ambos acontecimientos indisolublemente vinculados. Me gusta recordar el título del libro de Daniel Stern: *Nace un bebé, nace una madre*. Contaba con la presencia de dos matronas expertas en parto natural y con el apoyo de mi pareja, además del privilegio de sentirme acompañada por dos amigas íntimas. Una semana antes de iniciarse el parto hubo un contratiempo: las matronas me informaron que, debido a cierta anemia detectada en los últimos análisis, la posibilidad del parto en casa estaba cuestionada. Por supuesto que valoramos en todo momento que no hubiera riesgo ni para el bebé o bebita, ni para mí como gestante. Todavía desconocía su sexo, pues no quise que las ecografías lo anticipan. Finalmente, gracias a la utilización de varios recursos energéticos, así como de nutrición y complementos, cuando llegó el día del parto, análisis mostraron que los valores eran adecuados y podía afrontar con tranquilidad la maravillosa experiencia de dar vida.

Fue un parto largo y agotador, pero la presencia de mis amigas y de mi pareja atenuaban toda situación dolorosa. Por fortuna, en momentos de enorme dificultad, desarrollo cierto sentido del humor que me permite transitar la experiencia con confianza y determinación. Además, los masajes constantes que me ofrecían mis amigas y el clima de respeto que se respiraba en la casa me ayudaron y facilitaron la apertura necesaria para sentir y ver nacer el milagro más inolvidable de mi vida: una bebita.

Jamás olvidaré el momento en que mis ojos se posaron por primera vez en su mirada a los minutos de nacer. Saioa llegaba a este mundo de luz y tinieblas. La habitación, aunque era mediodía, se mantenía con luces muy tenues y un silencio entrañable y afectivo. No me importaba la hora ni el día: tenía entre mis brazos el mayor suceso que nos puede ofrecer la vida. Desde ese primer instante, mi hija ha sido mi maestra. Gracias a ella, poco a poco sentí cómo se desarrollaba en mi corazón un amor incondicional sin precedentes. Por supuesto que las noches eran agotadoras por la lactancia materna prolongada y a demanda, pero cada amanecer se repetía la misma sensación: me emocionaba comprobar que al lado mío estaba ese regalo de la vida, tierno y vulnerable. Una explosión de vida que sólo deseaba recibir atención y amor.

¡Cuántos bebés y criaturas nacen en un entorno sin las condiciones económicas adecuadas, sociales y afectivas, que se merecen! ¡Cuánto sufrimiento estéril soporta la infancia, por ignorancia de los adultos y la falta de apoyo y recursos necesarios!

Lejos quedaba, muy lejos, la ideología de mi adolescencia, cuando consideraba que la maternidad no debía condicionar nunca la vida de una mujer. Reitero este recuerdo con ternura, pues ignoraba en mi juventud la compleja dimensión de la maternidad. Por otro lado, me despierta empatía y compasión la constatación del aprendizaje continuo que nos ofrece la vida, que nos invita a reflexionar, cambiar y observar nuestros procesos internos.

A partir de su nacimiento, cada renuncia elaborada y decidida durante mi preparación durante el embarazo, me ofrecía una oportunidad para afianzar mi disponibilidad hacia un ser indefenso y dependiente. A pesar de que ninguno de esos gestos estaba exento de cansancio o, incluso, de agotamiento, cada mañana una alegría de fondo me inundaba el corazón. No fue ideal, porque nada lo es. No fue perfecto, porque no existe la perfección. Pero puedo afirmar que, con las condiciones sociales necesarias e imprescindibles, así como la madurez y preparación fundamentales, la maternidad marca positivamente un antes y un después en la vida de una mujer. Se trata de la mayor creación, la obra más sublime e incomparable: dar vida. Con la crianza de mi hija, la formación recibida en la teoría aterrizaba, tomaba tierra y en mi corazón superaba cualquier expectativa. Marcó un hito en mi vida.

Durante la primera infancia de mi hija continué trabajando, pero dejaba de lado algunos proyectos por falta de tiempo para compatibilizarlo todo. Pasaba el tiempo y se acercaba el momento de retomar los sueños y deseos profesionales pendientes.

En el año 2000, cuando Saioa ya tenía 8 años, comencé a considerar seriamente la posibilidad de lanzarme a la aventura de escribir un libro; me respaldaban la propia formación y las múltiples experiencias que había ido acumulando a lo largo de los años. No sólo en mi interior había nacido la idea; mis colegas profesionales del ámbito educativo y los grupos de madres y padres con los que trabajaba me lo solicitaban con insistencia, deseosos de que pusiera por escrito aquel conocimiento compartido en talleres y conferencias. Durante una visita a mi querida amiga Arantzazu, empezó a tomar forma concreta la idea. Ella vivía en el interior del valle de la Marina Alta, cerca de Denia. Mi hija y yo viajamos hasta el Valle de la Guar en unas vacaciones de verano.

Aquel agosto, el calor era sofocante. Después de 600 km de recorrido y muy cerca de nuestro destino, no encontrábamos gasolinera para repostar. De pronto, el coche se paró. Tomamos las medidas de protección necesarias y salimos del coche para solicitar ayuda. Unos minutos más tarde, tuvimos la inesperada sorpresa de que la policía detuvo su vehículo para saber por qué estábamos allí. Les explicamos el problema del combustible y se ofrecieron, amables, a llevarnos a la gasolinera más cercana. Ya en el coche, mi hija me preguntó directamente:

—Mamá, ¿los policías son buenos o malos?

Viniendo del País Vasco y con mi experiencia previa, la respuesta no era sencilla.

Improvisé como pude:

—Hay de todo, como en la vida —respiré aliviada al ver la sonrisa de la policía ante la inocente pregunta de una hija y la respuesta convencional de una madre–.

Finalmente, llegamos a nuestro destino. Un valle precioso y verde en el norte de Alicante. No era la primera vez que, al menos yo, visitaba a mi amiga y su familia. Su casa era una de las primeras construidas con bioconstrucción, es decir con materiales de adobe y paja.

Después de pasar unos días en ese entorno —más sereno, más sencillo, más conectado con la naturaleza– sentí con claridad que necesitaba afrontar otro cambio en mi vida para disponer de más tiempo. Aunque Donosti no es una ciudad ajetreada y tampoco de grandes dimensiones, la opción de vivir en un pueblo y con luz mediterránea, al menos por un tiempo, me resultaba atractiva. En ese instante soñé con la idea de disfrutar de un año sabático y dedicarme plenamente a escribir mi primer libro. Al final, nunca pude dejar de trabajar y me vi obligada a viajar todos los meses al País Vasco para desempeñar mi función profesional de forma concentrada durante unos días al mes. Los viajes se extendieron durante diez largos años. En esa etapa, los destinos de mi pareja y el mío tomaban caminos diferentes y estábamos separados.

Sin embargo en la toma de la decisión del cambio de lugar geográfico, para mí era esencial que mi hija viviera una experiencia expansiva y enriquecedora. Por tanto, en esta decisión premeditada debía evitar como premisa prioritaria la hipotética repetición de la vivencia dolorosa y de desarraigo que representó mi partida de Argentina cuando yo tenía su misma edad. No podía, ni quería permitirme reproducir en mi hija la huella negativa que había marcado mi infancia cuando mis padres decidieron mudarse de Argentina al País Vasco, sin valorar el impacto que puede ejercer la ruptura de vínculos y de cultura durante la infancia o la adolescencia.

Intuía que para mi hija el cambio podía ser muy positivo: cuando vivíamos en San Sebastián, los regresos a la ciudad, tras los viajes que realizábamos por breves que fueran, le resultaban poco gratos. No tenía todavía un vínculo muy arraigado en Donostia, en especial con el clima frecuentemente gris y lluvioso. Por tanto, era probable que la decisión de experimentar un cambio durante un año fuera oportuna.

Efectivamente, mi hija conocía la zona del Mediterráneo, apenas le propuse la idea de trasladarnos por un tiempo, mostró un genuino entusiasmo. Era el año 2001 ella ya contaba con 9 años. En junio, y siendo consciente del cambio que suponía el traslado, le propuse que visitáramos tres pueblos diferentes en la misma zona, visitando simultáneamente el interior de los centros escolares. Es decir, la propuesta de exploración incluía que participara durante un día dentro del aula que correspondiera a su edad. Previamente, yo había explicado las razones y solicitado permiso al profesorado, sin que hubiera la menor objeción. Conocer el ambiente escolar fue un gran acierto. Al menos para ella. Después de disfrutar de esta prueba directa en los centros escolares, mi hija lo tuvo inmediatamente definido. En dos espacios educativos el contacto en el aula había sido bastante neutro. Por el contrario, en el centro elegido, había confluido una coincidencia fortuita: la celebración de un cumpleaños. Un niño de la clase, al conocerla y sin dudarlo, la invitó a su fiesta. Esta apertura inicial posibilitó que fuera inmediatamente acogida por el grupo y ella se sintió integrada y aceptada. Era evidente que la balanza se inclinó rápidamente en favor de ese pueblo del interior de la Marina Baja.

Personalmente tenía claro que, por encima de todo, se encontraba el bienestar de mi hija ante la posibilidad de los cambios producidos por el supuesto y futuro año sabático. Sin embargo, el pueblo elegido por la acogida en el centro escolar, desde mi punto de vista, no podía ser más feo: los pequeños balcones no tenían plantas y la ausencia de árboles me transmitían la sensación de un ambiente poco acogedor… la imagen más cercana no era muy lejana a… un pedregal. El pueblo en cuestión ¡efectivamente se llamaba Pedreguer!

La otra cara de esa elección fue la dificultad –por no decir imposibilidad– de desarrollar mi actividad profesional con la misma intensidad. Por este motivo no me era posible abandonar ni disminuir demasiado mi práctica clínica ni preventiva en el País Vasco y lo que debía haber sido una transición sencilla se convirtió en una cima difícil de escalar. Durante largo tiempo, sostuve una vida dividida entre aquel pequeño pueblo, y lugar de residencia, y mi distante actividad profesional en el norte. Recorría cada mes 700 km para atender la consulta, que continuaba en San Sebastián, durante una intensa semana. Realizar este encaje de bolillo, significaba una empresa compleja. Previamente había llegado a un acuerdo con el padre de mi hija, lo que era imprescindible para poder compatibilizar mi maternidad con la atención clínica y preventiva. Durante los días de mi estancia en el norte, el padre se trasladaba a nuestro hogar, realizando este intercambio durante cerca de diez agotadores años.

Si bien viajar cada mes era extenuante para mi salud, desde otro punto de vista era reconfortante y necesario, no solo a nivel profesional sino también familiar y afectivo. Viajar en mi coche implicaba la oportunidad de visitar mensualmente en Vitoria a mi madre y mi padre. Ambos ejercieron de abuelos en plenitud, a pesar de la distancia geográfica. Más allá de mis visitas regulares, también ellos se desplazaban para compartir la vida con nosotras. Nunca dudaron en acudir a mi llamada cuando solicitaba su presencia puntualmente, porque sabían que, si eso ocurría, se debía a una necesidad real.

A los tres meses de instalarnos, mi hija me comunicó una sensación que me sorprendió por la claridad y contundencia de la afirmación : "Mamá, este es mi hogar. Yo soy del Mediterráneo." Aquellas palabras me despertaron varias reflexiones. Por un lado, confirmaron la importancia de tomar decisiones personales teniendo en cuenta el impacto probable en cada hijo o hija. En mi práctica posterior en la sanidad pública, tuve la oportunidad de constatar este hecho de forma reiterada: el sufrimiento que provoca el desarraigo y la ruptura de vínculos en los niños y niñas y adolescentes, durante los procesos migratorios. Por otro, la confianza en la intuición fortalecía la necesidad de este cambio geográfico y vital.

Una cosa tenía muy clara: no quería que mi hija repitiera el trauma que yo había vivido. Y, curiosamente, ella parecía estar viviendo el proceso opuesto: ni atisbo de sentimiento de pérdida. Todo lo contrario, su vitalidad cobraba más expresiones expansivas y alegres. El cambio desde su lugar natal había sido acertado para su desarrollo psicoafectivo y social. Pudo disfrutar de un entorno más abierto y benigno climáticamente, en una casa de campo rodeada de naranjos y amigos que iban y venían sin dificultad. La socialización fue sencilla y sin dificultad se crearon los nuevos vínculos. Aprendiendo con mucha facilidad el valenciano, dejó atrás un euskera que dominaba perfectamente en la ikastola de sus primeros años.

Así, fuimos prorrogando la estancia año tras año, hasta completar tres años en ese pueblecito que, a pesar de sus carencias estéticas, nos ofreció una vida tranquila, con una casa que evocaba mucho mis recuerdos de la Argentina. Mi hija creció allí con libertad y, según sus palabras, fue feliz. Transcurrieron tres años muy armónicos en contacto con la naturaleza.

Al llegar el tercer año, llegó la encrucijada. Comenzaba la educación secundaria. Por mi parte, tenía muy claro que era el momento de trasladarnos a un espacio con más probabilidades para ambas. El inicio de la ESO configuraba otro comienzo de etapa, que duraría hasta su finalización antes del Bachillerato. Permanecer en este pueblo interior implicaba pasar otros cuatro años más en Pedreguer, lo cual anunciaba la condena de mi práctica profesional y mi vida personal a un estancamiento inevitable. Justo por entonces, se presentó una oportunidad inesperada: me contactaron desde un centro interdisciplinar, ubicado a unos cuarenta y cinco kilómetros de Pedreguer, en el emblemático pueblo de Altea. En esa llamada telefónica, ofrecieron incorporarme a un equipo recién conformado. Según sus referencias, conocían mi trayectoria profesional a través de personas del País Vasco. Buscaban una psicóloga clínica con experiencia. Y de esta forma simple y fluida, se concretó la propuesta que trastocó nuevamente mi vida.

Desde el inicio de esta nueva alternativa laboral, mi inquietud conectaba con la probable respuesta de mi hija. Cuidaba en la medida de lo posible no causarle daños innecesarios. Yo sabía que el planteamiento del posible traslado a Altea, un pueblo mediterráneo y hermoso tanto por su arquitectura como por su entorno costero, iba a ser inicialmente rechazado. Saioa había tejido vínculos profundos en Pedreguer; se sentía feliz, segura, reconocida y cambiar de entorno no entraba en sus planes infantiles. ¡Cuánto me recordaba mi sensación infantil en Córdoba! Sabía, por otra parte, que sus amigas debían optar también por institutos cercanos, con la probabilidad elevada de desvanecimiento de la magia vivida hasta entonces. Comprendía perfectamente la incertidumbre que la inundaba. Mi herida infantil, por la pérdida de vínculos durante el regreso a Vitoria, estaba presente y facilitaba mi empatía.

Sin embargo, tras muchas conversaciones donde primaba la comprensión y la escucha emocional, pudimos llegar a un acuerdo: ella accedía al traslado desde Pedreguer a 45 km de distancia de Altea, frente a la otra opción más sencilla, el regreso a San Sebastián para cursar la ESO. Reconociendo su esfuerzo y para evitar la ruptura de sus vínculos infantiles, yo me comprometía a llevarla todos los fines de semana a Pedreguer para que evitar rupturas vinculares y que continuara disfrutando de sus amigas. Así empezó una etapa agotadora pero también llena de sentido: seis días al mes viajaba al País Vasco para atender mi trabajo clínico y preventivo y, el resto del tiempo, lo dividía entre mi labor en el nuevo centro terapéutico y los viajes de fin de semana hasta Pedreguer, donde habíamos vivido anteriormente.

Su arraigo tan fuerte en este pequeño pueblo supuso al inicio de la ESO una fuerte resistencia a la integración con sus nuevos compañeros. Acceder a un nuevo Instituto, grande, con edades tan dispares y bastante anónimo, no facilitaba la labor de adaptación, teniendo en cuenta el entorno escolar previo, más familiar y cercano. Fueron meses delicados. No encontraba su lugar y se hallaba poco dispuesta a abrirse a las nuevas amistades. Su alivio, se basaba en el esperado fin de semana para el reencuentro con sus amigas, en aquel pueblo del interior que le había aportado tanto bienestar.

Reconozco que durante estos meses de tránsito, tuve muchas dudas sobre la conveniencia del cambio. El fantasma de mi propio desarraigo se proyectaba en mi hija y temí que ella repitiera tan indeseable historia. Un día, cuando se aproximaba su cumpleaños, tome una decisión drástica para intentar ayudarla en este proceso de integración. Muchas personas consideraron esta iniciativa una locura. En el mes de abril cumplía 13 años y confié en que una fiesta sorpresa en la casa de Altea pudiera motivarla a traspasar sus resistencias. La invitación para un cumpleaños en una casa –y con esas edades– era totalmente inusual en Altea y, máxime, si los invitados respondían a la totalidad del aula: veinticinco adolescentes. Yo era nueva en las costumbres del pueblo y me encontraba transgrediendo sus creencias, sin saberlo. Algunos padres me advirtieron de los riesgos de tal invitación, al mismo tiempo que me miraban con cierto escepticismo: "no sabe lo que hace". Sin embargo, pese a las advertencias, lo tenía claro: la fiesta, podía ser una alternativa que rompiera la inercia establecida y facilitara nuevas perspectivas relacionales.

Fiel a mi estilo, recibí uno a uno a los adolescentes. Los saludé con una sincera sonrisa y, antes de poner la música, convoqué una pequeña asamblea. Mientras, mi hija me miraba entre atónita y nerviosa. De manera coloquial y cercana, traté de transmitirles mi confianza en su capacidad de disfrute para la fiesta, incidiendo suavemente en la importancia del respeto mutuo y hacia los objetos de la casa. Al mismo tiempo, informé de la necesidad de una buena organización, para que la fiesta fuera un éxito. Expectante, esperé la reacción de veinticinco adolescentes de trece años. Me escucharon con actitud receptiva y curiosa, aunque también divertida. No era nada habitual que la madre de una niña nueva en el Instituto, además de desconocida en el pueblo, propusiera sentarse a los adolescentes en círculo, directamente en el suelo de una casa, para consensuar una serie de acuerdos, previamente al inicio de una fiesta de cumpleaños.
—Sé que vuestra edad no tiene muy buena fama, pero yo creo en vuestras capacidades –les anuncié–, y empecé a proponer responsabilidades:
—¿Quién se hace cargo del equipo de música? –pregunté–. ¿Quién vigilará que no haya cristales en el suelo? ¿Quién se encargará de recoger la basura?
Uno a uno, iban levantando sus manos para aceptar con compromiso y entusiasmo los roles asignados.

Todo transcurrió en un ambiente alegre, respetuoso y divertido. La fiesta fue un verdadero éxito, tanto, que se convirtió en tema de conversación en todo el pueblo. Respiré aliviada, puesto que era un reto cuyo resultado final era impredecible. Pero, lo más importante de aquella fiesta fue la repercusión inmediata en la actitud de mi hija. Al día siguiente, empezó a salir de su invisibilidad. Comenzó a sentirse integrada, como si algo hubiera finalmente hecho " clic" en su interior. Superó la propia resistencia y también la invisibilidad ante los demás –tratamiento impuesto en demasiadas ocasiones a los emigrantes, aunque tan sólo provengan de otra comunidad–. Sin olvidar Pedreguer, comenzó a socializarse con facilidad, ampliando su círculo de amistades y disfrutando de las ventajas de vivir junto al mar.

Paralelamente, también yo pude integrarme en un ambiente más cosmopolita, con diversidad de culturas y una manera de percibir la vida más liviana que en el País Vasco, aunque a veces demasiado superficial para mí. Pude empezar a compaginar diversas actividades lúdicas, como el senderismo, los baños de mar, la danza y el canto, que me permitían nutrirme y disfrutar para compensar la exigencia de mi actividad profesional.

Pasaron los años de intensa maternidad compaginando los viajes al norte (donde todavía mantenía activa la consulta) con la atención en el centro interdisciplinario de Altea. No podía abandonar todavía mis agotadores viajes profesionales por una causa fundamental: la visita mensual a mis padres.

Finalmente, dos fechas marcaron otro hito en mi vida. Octubre de 2008 y octubre de 2010: el fallecimiento de mis padres y fin de los viajes mensuales al País Vasco. Mi interés por el fenómeno de la muerte se acrecentó.

Desde la perspectiva científica, participé en algunos congresos sobre los fenómenos "de casi muerte" y accedí al intento de comprensión desde la perspectiva espiritual.

Capítulo 9
La otra cara de la moneda: la muerte

Mis padres pertenecían a una generación herida por la post Guerra Civil en la infancia, con todas las secuelas que marcaron sus vidas. Su historia personal estaba marcada por el esfuerzo personal y la superación constante, como la mayoría de las personas de su generación. La emigración les había aportado una amplitud de perspectiva y mucha experiencia de resistencia. En casa de mis padres eran frecuente los diálogos sobre cuestiones históricas sociales y también algunos análisis de la política internacional. Sin embargo, no recuerdo ninguna sobremesa, donde se abordara en mi adolescencia ningún tema sobre sexualidad. Era evidente que el machismo y la represión formaban parte de la cotidianeidad, incluso siendo ideológicamente de izquierdas. Sin embargo, ya entrada mi juventud, el tema de la muerte, tabú en muchas familias y sociedades actuales, era afrontado en una animado diálogo entre mis padres y yo, con los conocimientos y creencias de su generación.

Aun cuando todavía la muerte era un fenómeno que ocurría a otros, planeaba con mayor frecuencia en nuestras conversaciones a medida que se hacían mayores. Era obvio el contraste entre los puntos de vista de mis padres. Mi madre, sin ostentar creencias religiosas, albergaba una cierta espiritualidad, receptiva a la posibilidad de que hubiera algo más después de la muerte. Mi padre en cambio, condicionado por su infancia como monaguillo frustrado y engañado, tenía una postura radicalmente atea. La conclusión habitual del debate sobre la muerte finalizaba con un postulado que había escuchado de labios de mi padre desde muy pequeña: "La energía no se crea ni se destruye, solo se transforma".

En nuestras conversaciones, mi pretensión trascendía la escucha simple de sus creencias. Mi objetivo concreto era comprender aspectos significativos sobre el posible contexto de su muerte. Deseaba satisfacer sus deseos y, para ello, necesitaba conocer sus preferencias: morir en casa o en un hospital, ver prolongada su vida por medios artificiales o respetar el proceso natural atenuando cualquier sufrimiento innecesario.

En el año 2000, me anticipé al llamado "testamento vital", proponiendo una redacción sencilla para ser entregada ante notario o una institución pública. Me horrorizaba que, sin un documento escrito, los últimos días de su vida pudieran ser prolongados por intervención externa y contra su voluntad. Este testimonio constituyó uno de los primeros documentos escritos realizados en Vitoria, práctica que luego se ha generalizado y forma parte de las últimas voluntades. Ambos coincidieron, sin ninguna objeción ni duda: manifestaron el rechazo a cualquier prolongación artificial de la vida. Con ese marco claro y respetuoso, años después, mi madre empezó a transitar un proceso degenerativo, consumida por la enfermedad Parkinson. Poco a poco, la enfermedad fue llevándola al lugar que menos deseaba: una silla de ruedas. Su vitalidad, su fuerza y disponibilidad se iban apagando. Aunque afrontaba su agravamiento con entereza, le costaba aceptar los cuidados ajenos; ella, había sido siempre la cuidadora principal de todo el sistema familiar.

Durante las visitas mensuales que efectuaba a la casa de mis padres en Vitoria, intentaba estar disponible y receptiva para tratar cualquier tema que necesitara: su impotencia ante la enfermedad, el sufrimiento ante la pérdida progresiva de autonomía y la proximidad de la muerte. Mi acompañamiento en su deterioro consistía en ayudarla a comprender que permitir que otros la cuidaran no significaba una carga, sino un regalo merecido por su entrega familiar y que podía aceptar con dignidad. Hacia finales de 2008 sufrió varios ictus. El último fue intenso, le afectó el hemisferio derecho, le bloqueó el lenguaje y la movilidad del lado izquierdo. Los grandes temores manifestados con frecuencia por parte de mi madre en la etapa final de su vida se centraban en la posible carga familiar que significaba su enfermedad y en el temor a afrontar la muerte en soledad. También me manifestaba su preocupación ante el impacto que yo pudiera sentir, si llegaba a estar presente en el momento de su muerte.

En mis periódicos viajes, le había asegurado que pese a la distancia de 700 km, mi firme intención consistía en ofrecerle mi presencia total. Así fue. Nada más recibir la noticia del accidente cerebrovascular, tomé el primer avión junto a mi hija y en pocas horas estuve a su lado. Mis hermanos querían trasladarla al hospital, pero yo contaba con su testamento vital que solicitaba lo contrario. Discutimos como era habitual partiendo de puntos de vista generalmente antagónicos. Sin embargo, compartí el documento en presencia de mi padre en una reunión familiar y tuvieron que admitir la voluntad de mis padres. Pronto, acudió el equipo de cuidados paliativos, asignándome la función de cuidadora en esta etapa terminal.

Mi madre se quedó en casa como era su deseo, sin goteros ni medios artificiales, y con cuidados paliativos. Rodeada del afecto de nuestro núcleo familiar. La agonía se prolongó durante seis largos días. Su corazón era fuerte y resistente, incluso sin ingerir alimentos ni líquidos. Me instalé en el salón de la casa, velando a mi madre en turnos con mi padre y una empleada de apoyo. Estaba convencida de que, a pesar del daño neurológico, mi madre podía escucharme. Junto a su cama, tomaba su mano con cuidado, percibiendo su respuesta con un leve movimiento, mientras la acariciaba, y le cantaba mantras de forma espontánea. Deseaba que pudiera irse en paz, sin miedo y con confianza.

Al quinto día, en un momento en que mi padre, una sobrina y yo estábamos junto a ella, de pronto y de forma totalmente inesperada, teniendo en cuenta la zona cerebral afectada, verbalizó con una voz clara y consistente:
—Me quiero morir. Me quiero morir.
Nos miramos con estupefacción. ¿Cómo era posible que después de cinco días de recibir unos básicos cuidados paliativos, sin goteo ni agua ni alimento, pudiera expresar esta demanda con tanta contundencia? Lo repitió dos veces con la misma intensidad.

En ese instante, un saltamontes de grandes dimensiones entró por la ventana y se colocó bajo su cama. Lo buscamos, pero no lo encontramos y, finalmente, nos olvidamos de él. Tomé de la mano a mi madre y le respondí, con mi mayor ternura y amor:
—Mamá, tu deseo es también el mío, y pronto va llegar. Pero, ese esperado tránsito no depende solo de tu voluntad, sino del ritmo que marca el aliento de tu vida. Respira y confía, no tengas miedo, estoy aquí contigo.

Al día siguiente, el 19 de octubre a las 23:50, mientras su mano se apoyaba débilmente en mi mano, mi madre expiró. No murió sola.

En ese instante, el saltamontes desaparecido salió de su escondite y se posó en su almohada. Me quedé paralizada, contemplándolo: ¿dónde se había escondido? ¿Por qué salía en este preciso momento de su último aliento y directamente se colocaba en la almohada de mi madre? A continuación, el insecto saltó los pies de mi padre. En un gesto rápido, fiel a su incredulidad y negación de interpretar cualquier simbolismo, lo aplastó. La cuidadora que nos acompañaba, grito escandalizada: era sudamericana y estaba convencida de que otros seres vivos, en forma de insectos o de otro tipo, representan el acompañamiento en el tránsito del moribundo. Aquí no finalizó la historia del saltamontes, que entró por la ventana de un tercer piso en el mes de octubre en Vitoria...

En el momento de su muerte, sentí emociones encontradas: una alegría extraña por su partida y el cese del sufrimiento y una tristeza anunciada durante tiempo, desde su enfermedad. Abracé a mi padre, a mi sobrina y, en realidad, también a mí misma. Había podido acompañar a mi madre en este tránsito, pese a la distancia, y me sentía en calma. Esa noche, velé a mi madre hasta la madrugada. Le agradecí su entrega, su presencia y su amor durante toda su vida. Mi monólogo estaba impregnado de anécdotas de nuestra vida en común, tanto en mi infancia como en los momentos compartidos a pesar de la distancia geográfica. Ella estaba vestida con el traje que previamente había elegido, el que yo le había regalado en un cumpleaños. Era de color burdeos. Con los labios pintados y recuperando su estatura hasta entonces contraída por la enfermedad, su imagen era poderosa.

No tuve miedo. En la casa todos se retiraron a descansar a media noche, sin embargo, mi impulso natural me llevó a permanecer velándola junto a su cama, sintiendo al mismo tiempo que era una despedida transitoria. Esperé al día siguiente para contactar con el tanatorio. Pedí con insistencia que no se la mantuviera en una cámara frigorífica durante días, como era costumbre, y lo logré. Transcurrieron setenta horas hasta que fue incinerada. En nuestras conversaciones previas, comentamos mucho el sentido de no precipitarse para desprenderse del difunto. Es un hecho constatado que en nuestra sociedad persiste un gran tabú de la muerte, traducido en una incineración inmediata o en un entierro. Había leído mucho sobre otras culturas y comprendía la práctica de esperar al menos setenta y dos horas para la inhumación del cadáver. Y así fue. Mientras permaneció en la sala del tanatorio, me sorprendió el flujo permanente de personas en su despedida. Me sentí serena y agradecida.

Unos días después, transportamos sus cenizas en una urna a la bellísima sierra de Urbasa, llena de hayedos, en la provincia de Navarra y frontera con Alava y Gipuzkoa. Allí, se encontraba una sima tenebrosa, lugar al que durante el franquismo, arrojaban vivos o muertos a los republicanos represaliados. Mis padres me habían compartido el deseo de que sus cenizas fueran derramadas en ese lugar tétrico, en memoria a los republicanos asesinados. Mientras ellos todavía vivían, les había razonado que no me parecía adecuado que contribuyeran con sus cenizas a aquellos hechos en aquel lúgubre lugar. Por otro lado, yo comprendía la carga simbólica de su elección. Ellos aceptaron mi propuesta y buscamos un lugar alternativo, cercano, para depositar sus cenizas con la merecida dignidad y libres de pasados trágicos.

El 1 de noviembre, en plena ventisca, con granizo y

nieve, hicimos una celebración íntima con la presencia de muchos amigos, pacientes y conocidos. Uno de mis hermanos se opuso y planteó aplazarla por razones climáticas. Sin embargo, era inviable desconvocar esa misma mañana a todas las personas que iban a acudir desde diferentes puntos del País Vasco. Seguimos adelante con el homenaje contra viento, nieve y ventisca. En esas condiciones y con el frio en el cuerpo, me encontraba leyendo una poesía escrita para mi madre, cuando una sobrina me interrumpió de pronto:

—Tía, ¡mira!

Un saltamontes de gran tamaño saltó desde su pierna y fue a posarse en la copa del árbol, un acebo, que acabábamos de plantar con las cenizas de mi madre. Aquello fue realmente impactante, conociendo la historia previa del saltamontes en el momento del fallecimiento de mi madre y en unas condiciones tan adversas para su supervivencia.

Años después fui a un congreso científico sobre la muerte. Este congreso se realiza periódicamente en Alicante. Al finalizar el ponente con su disertación, me atreví a manifestar una pregunta que albergaba en mi interior, que insistentemente buscaba respuesta. El ponente me invitó a relatar aquella situación racional y neurológicamente incomprensible: mi pregunta, después de contextualizar el caso, fue directa:

—¿Cómo pudo mi madre verbalizar con tanta nitidez su deseo de morir, habiendo tenido un accidente cardiovascular que le afectó directamente al área del lenguaje?

El ponente –médico, científico y experto en el estudio sobre los fenómenos cercanos a la muerte– me agradeció que hubiera compartido el caso y me respondió que, según sus investigaciones, esta experiencia, así como otras que él había recogido en su práctica clínica, demostraba que la conciencia no se encontraba localizada anatómicamente en el cerebro, sino que trasciende la organicidad humana.

Son muchos los testimonios que se han registrado en esta dirección de consciencia extracorpórea. Y la investigación científica en este campo continúa. El acompañamiento a mi madre durante su agonía, permitiéndose partir en calma, me liberó del cualquier temor a la muerte. Viví este tránsito existencial como un pasaje natural, similar pero opuesto, al nacimiento sin violencia. Los dos polos se complementan. Nacer y morir pueden vivirse sin angustia ni miedo, siempre que haya presencia afectiva y ausencia de interferencias innecesarias, externas. Estar consciente y presente en estos dos privilegiados momentos, de nacer y morir sin miedo, forman parte de los mayores regalos de la vida.

Más tarde, pude acompañar a una expaciente, la única que en mi práctica clínica que decidió interrumpir la quimio y abandonarse a la muerte. La llamaré Elena. No fue fácil, puesto que dejaba a dos hijas de quince y dieciséis años. Sin embargo, y pese a recurrir con frecuencia a la existencia de sus hijas adolescentes en una búsqueda desesperada que le permitiera aferrarse a la vida, su decisión estaba tomada. No olvidaré el proceso de pánico inicial al conocer el diagnóstico de metástasis. Realizo varias sesiones, debatiéndose entre el impulso vital y el temor a la muerte. Después de un tiempo, el que ella necesitó, y a través de la elaboración de sus miedos, pudo decidir con franqueza inquebrantable que ya había vivido suficiente y aceptar la inminencia de la muerte. La transformación que sufrió durante este proceso es inolvidable.

Fui testigo de una aceptación asombrosa: poco a poco se fue desprendiendo de apegos, frustraciones y rencores para mirar con curiosidad serena la proximidad de su muerte.

Acudí a visitarla a su casa, varias veces. La última vez, antes de su fallecimiento. Al llegar a su hogar, me impactó verla de pie en la puerta de la casa, para recibirme con una gran sonrisa y mucha luz en sus enormes ojos azules. Pesaba muy poco, sin embargo no mostraba depresión ni falta de relativa vitalidad, salvando las circunstancias. A continuación, entramos en su habitación. Tenía una sorpresa para mí: en su cama había desplegado numerosos libros que deseaba regalarme. Eran demasiados. Puesto que ella había participado en un proceso grupal psicoterapéutico, le propuse llevarlos yo misma y ofrecérselos en la siguiente sesión grupal. Asintió, con la condición de que yo conservara dos libros, que allí mismo debía elegir.

Teniendo en cuenta el desenlace final, le planteé realizar una relajación dirigida muy específica, sobre el tema de la muerte. Enseguida, se relajó hasta tal extremo, que dude en su regreso a la consciencia terrenal. Pero volvió y verbalizo con total transparencia y serenidad, la aceptación de la muerte. Su confianza y agradecimiento eran auténticos. Afirmaba estar preparada para irse. Nos dimos un gran abrazo y al despedirnos, me dijo:
—Tengo curiosidad por saber qué hay al otro lado. –Y prosiguió–, ¿nos encontraremos? Eres una de las cosas más bonitas que he vivido en Altea.
Emocionada, asentí.
—Nos encontraremos, ¡pero bastante más tarde! –afirmé, al mismo tiempo que guiñaba con dificultad un ojo–.

Elena sonrió y, con sus enormes ojos abiertos, se despidió:
—Por favor, cuídate mucho –me recordó–.

Al día siguiente, fue su funeral. Por diversas razones que desconozco, pero intuyo, la familia no me miraba con buenos ojos. Esta familia nunca había sido partidaria de ningún abordaje psicoterapéutico y menos si el objetivo era ayudar a morir con dignidad. Elena había dispuesto música alegre para su funeral. Llegué precipitadamente, pues tan sólo mediaron veinticuatro horas para su funeral. A la entrada, la representante de la familia me comunicó que habían decidido evitar la expresión de unas palabras de despedida en el tanatorio, al mismo tiempo que me "invitaban a dirigir unas palabras" en su lugar. Acepté, por Elena. Hacía tan sólo unos meses, había sido "maestra de ceremonia" en la celebración por boda de una amiga. Así que desde el púlpito, pedí a los presentes, familiares, amigos y expacientes que unieran sus manos rodeando el féretro mientras con emoción, cantábamos las letras elegidas por Elena.

Fue muy emotivo. Auténtico. Tal y como acordé la víspera de su partida con ella, ya en el siguiente encuentro grupal de psicoterapia coloqué todos los libros en el suelo de la sala, mientras invitaba a una elección genuina según preferencias personales y a pronunciar unas palabras individuales de despedida y reconocimiento de su vida. Así se cerró la partida consciente y respetuosa de Elena, que nuevamente me afianzó en el respeto por los misterios de la vida y la muerte.

Siempre me ha acompañado la máxima de algunos filósofos y profesionales de la salud: "Quién teme a la muerte, teme a la vida".

Capítulo 10
Camino hacia la espiritualidad

Siendo una niña de tan sólo ocho años, una pregunta de difícil respuesta entonces y también ahora, asaltó mi mente infantil. Surgió de repente, mientras miraba por la ventana en un entorno desconocido y ruidoso, como era Sao Paolo en Brasil: "¿dónde estaba antes de nacer?". Esta cuestión permaneció latente a lo largo de mi vida, como una semilla silenciosa que, con el tiempo, germinó en una búsqueda interior.

Mi crianza se desarrolló en un entorno absolutamente ajeno a cualquier creencia religiosa, basado en un ateísmo racionalista y materialista, que concebía la vida y la muerte como fenómenos estrictamente biológicos, sin atisbos de trascendencia. El regreso al País Vasco, a mis ocho años, representó un gran contraste cultural y espiritual: la impronta laica y progresista del hogar familiar chocaba de frente con el arraigado catolicismo de la escuela y del entorno social. Crecí inmersa en este antagonismo, en un vaivén entre dos cosmovisiones opuestas. Poco a poco, aprendí a habitar esa dualidad sin que me sedujeran las doctrinas religiosas que se me imponían en las clases de religión o en el coro escolar, al que asistía más por entretenimiento que por devoción. Después de la etapa de implicación social, estando ya en la madurez, mi inquietud espiritual se manifestó en una búsqueda constante, tratando de explorar otros territorios del pensamiento, para encontrar una mirada que trascendiera los límites del materialismo ateo, aunque evitando caer en cualquier tipo de dogma.

Durante la infancia de mi hija, mientras ella dormía,

me sumergía en diversas lecturas. Mi avidez por entender procesos vitales y sociales me condujo un tiempo hacia el chamanismo, devorando lecturas *Las enseñanzas de Don Juan* de Carlos Castaneda. Más tarde, me sumergí en un apasionante recorrido bibliográfico por la física cuántica. La lectura de los libros de F. Capra o de K. Wilber, entre otros muchos, rompía mis esquemas y cuestionaba mi percepción. Además, encontraba similitudes con la formación reichiana recibida, hallando puntos de convergencia con el abordaje clínico del análisis del carácter que guiaba nuestra práctica clínica. Análisis que permitía cuestionar, comprender y ampliar los límites de la estructura del carácter limitante.

Siempre fui una mente curiosa, inclinada a explorar ámbitos nuevos del conocimiento. Incluso cuando mi práctica profesional ya se encontraba sólidamente consolidada, me resistí a caer en la conformidad. Continué indagando, alimentando la llama de la búsqueda que me habitaba desde niña cuando, ante cada afirmación adulta, brotaba de mí con naturalidad e insistencia la pregunta: "¿por qué?". Una pregunta simple pero persistente, que muchas veces agotaba la paciencia de los mayores y cuya respuesta rara vez era inmediata o clara para saciar mi curiosidad infantil. Ese espíritu inquieto me llevó a acercarme a la Psicología Transpersonal.

Como era habitual en mi trayectoria, no me bastaba con conocer una teoría: sentía la necesidad de vivirla, de atravesarla en carne propia antes de incorporarla a mi labor o a mi vida. Asistí a varios congresos, en algunos de los cuales también fui ponente. Uno de los más significativos fue el congreso que incluía una práctica vivencial en Gerona, en el que no sólo se abordaban conceptos teóricos. Allí pude aproximarme a la respiración holotrópica desarrollada por Stanislav Grof. Me pareció una herramienta fascinante, una vía natural para acceder a estados ampliados de conciencia sin recurrir a psicotrópicos, cuya utilización siempre descarté, puesto que tenía muy definidos mis límites en este amplio universo de conocimientos paralelos a la ciencia oficial y normativa.

Mi forma de aprender no se detenía en los manuales ni en las aulas: necesitaba experimentar el conocimiento, sentirlo en el cuerpo y en el corazón, para luego integrarlo y, eventualmente, compartirlo.

Después de experimentar una relativa inmersión en la física cuántica, lo que me permitió una nueva apertura con respecto a los límites de la percepción humana, continué explorando hasta aproximarme a las nociones budistas. Al principio, este acercamiento se desarrolló con cierta resistencia debido a mi influencia racional familiar y también social en el País Vasco. Participé en algunos retiros de meditación zen de la tradición soto y me parecieron excesivamente estrictos, lo que me condujo a una huida inicial y a efectuar una pausa en esta exploración del mundo budista. Poco tiempo después, continué la búsqueda emprendida.

Me encontré con una presentación budista sobre la tradición del maestro Tich Nath Hanh. A la hora prevista, en una sala de San Sebastián, unos monjes que viajaban por toda la Península y que provenían de Plum Village, ubicación del monasterio del maestro vietnamita, iniciaron la charla. Lo que encontré aquel día, me rompió la expectativa: esperaba asistir a una charla de corte formal sobre las enseñanzas del budismo y del maestro coloquialmente, llamado Thay. Pero no fue así; la exposición fue cordial, amena, divertida, llena de anécdotas de la vida cotidiana. Recuerdo que mi mente esperaba constantemente que comenzara la charla, después de las curiosas y divertidas anécdotas. Me quedé sin palabras cuando el reloj marcó el fin de ese encuentro. Me di cuenta de que todo el contenido había estado incorporado dentro el relato de su viaje por los diferentes puntos de la Península. Historias de la vida cotidiana, que incluían mucho sentido del humor, desde una avería del coche hasta la dificultad para encontrar comida vegetariana. Esta forma de transmitir la consciencia en el *momento presente* por parte de estos monjes jóvenes, quienes tenían la obligación de salir del monasterio para contactar con la vida exterior y comunicar las enseñanzas del budismo, me cautivó y despertó mucha curiosidad por conocer el Monasterio de Plum Village, cerca de Burdeos.

Pasaron dos o tres años hasta que finalmente pude organizarme para ir a conocerlo y participar de un retiro, en agosto del 2010. La experiencia de aquellos días en Plum Village, como sucede con tantas otras vivencias, no se puede transmitir con palabras, puesto que es un camino muy personal. Sin embargo, puedo recordar con nitidez dos aspectos de aquella semana de verano. Por un lado, la clara sensación de que Thay era un auténtico maestro, más allá de la humildad y profundidad que albergaban sus palabras. Por otro lado, la sencillez de las prácticas en las que, por encima de cualquier otra consideración, enfatiza en la consciencia del aquí y ahora. *Aquí y ahora*, en el momento cotidiano en el momento de partir las verduras que, como grupo o "familia del dharma", debíamos preparar para la comida. Igualmente, la misma práctica estaba presente en la limpieza de los baños y en otras actividades como caminar en silencio, meditar, compartir el dharma participando en los grupos de familias que se organizaban por idiomas comunes. Por otro lado, el ambiente lúdico a través de la práctica de canciones con poemas de Thay donde se respiraba la alegría de vivir y la gratitud consciente de habitar en el momento presente, era muy gratificante.

Sumergirme en esta experiencia personal, además de la posibilidad de acceder a sus más de cien libros publicados, me fue presentando en profundidad y con sencillez la apertura al mundo budista: mucho más allá de lo conocido hasta entonces. El concepto de Inter-ser que desarrolló Thay –que define la interconexión de todos los seres y también la conexión con la naturaleza–, junto a su conocimiento de física cuántica y los planteamientos de la psicología budista, me ofrecieron las claves fundamentales para integrarlo dentro de mi conceptualización y percepción de la vida.

Otra característica que me llevó a resonar con mayor profundidad fue la proyección social del budismo en la vida cotidiana. Thay había experimentado en su propia vida la guerra de Vietnam y el exilio forzoso, situaciones existenciales que le llevaron a realizar un activismo consciente de ayuda permanente a los exiliados, los migrantes, y a todos aquellos que sufrían por la guerra y la destrucción. Más tarde supe que había sido nominado para el Premio Nobel de La Paz por su incansable activismo pacífico y no violento.

Durante aquella semana en Plum Village comprendí con claridad que deseaba profundizar en ese camino espiritual que se adentraba en la raíz misma del sufrimiento humano y ofrecía claves precisas y compasivas para su superación, lejos de toda connotación religiosa dogmática o sectaria. Esta senda resonaba en mí con una hondura similar a la que había experimentado con el pensamiento reichiano. No hallé en ella ninguna contradicción con mi recorrido personal ni profesional; por el contrario, sentí que representaba un salto cualitativo en mi anhelada búsqueda de conocimiento, comprensión y conexión con el ser humano. Fue entonces cuando tomé la decisión de comprometerme con los cinco entrenamientos de la plena consciencia. A diferencia de los mandamientos de la tradición católica, estos ofrecían una guía sencilla pero profundamente transformadora para cultivar una vida consciente, ética y serena en lo cotidiano.

Antes de regresar a mi hogar desde Burdeos, tomé el teléfono y llamé a mi padre, que desde la muerte de mi madre, hacía dos años, vivía solo en Vitoria. Aunque trataba de llenar su soledad escribiendo sus memorias cada día, el vacío se hacía más evidente con el paso del tiempo. En la casa de Altea me esperaba mi hija al cuidado de sus abuelos paternos. Aun así sentí la necesidad de preguntar:
—Papá, ¿quieres que vaya?
Su respuesta firmemente afirmativa, cambió el rumbo de mi viaje de regreso.

Al llegar a Vitoria como en otras ocasiones, le ofrecí lo que tantas veces les había propuesto durante años a él y a mi madre: que viniera a vivir con nosotras a Altea. Siempre lo habían rechazado, alegando que representaría un desarraigo demasiado grande y que no querían ser una carga para mi vida profesional y personal. Aquella vez, sin embargo, mi padre aceptó venir, aunque sólo como una visita. Ambos desconocíamos que sería la última vez que realizaría aquel viaje.

Me dolía ver el deterioro progresivo que se instalaba silenciosamente en su cuerpo y en su ánimo. Siempre se había definido un ateo convencido, repetía con firmeza que después de la muerte no había nada, además de aquella frase que me había reiterado durante mi infancia: "somos energía y la energía no se destruye, solo se transforma". Sin embargo, incluso esa afirmación parecía haberse extraviado en su horizonte vital. Cuando terminó su visita y nos despedimos, le prometí que estaría presente en la celebración de su próximo cumpleaños en octubre, a pesar de que intuí, con esa claridad serena que a veces concede el tiempo, que mi padre se encontraba ya transitando sus últimos tiempos. Fue un sentimiento extraño pensar que muy pronto perdería a mi padre biológico justo en el momento en el que había encontrado a mi padre espiritual.

Efectivamente, pocos meses después, mi padre murió. Quería acompañarlo como lo hice con mi madre a pesar de la distancia, pero no fue posible. Desde el inicio de nuestras conversaciones sobre el derecho a morir con dignidad y cuanto rodea esta temática habitualmente tan reprimida, mi padre había sido claro: su intención era morir solo, sin molestar a nadie. Este deseo contrastaba intensamente con el de mi madre, quien abiertamente había manifestado que yo la acompañara en el momento de morir. Murió solo, como él deseaba, de un infarto. Tomé el primer avión y realicé los trámites, para evitar que se anticipara su incineración, como con mi madre.

Fue una partida diferente, aunque anunciada. De la misma forma, realizamos un homenaje sin funeral y llevamos las cenizas al lado del acebo plantado para mi madre, en la sierra de Urbasa. Allí disfrutamos de una despedida con música, txistularis y acordeón, mientras depositábamos las cenizas en otro acebo, paralelo al de mi madre, pero relativamente distante de la sima donde había una inscripción para los represaliados republicanos, durante la Guerra Civil. Tal y como habíamos acordado. No hubo saltamontes, ni nieve, ni ventisca.

Meses después, supimos que ambos acebos habían sido arrancados y que en la inscripción habían aparecido pintadas amenazantes. Volvimos a plantar otro acebo, pero fue inútil: de nuevo fue arrancado por manos oscuras. Desistimos. Sin embargo, pese a esas conductas reprobables, cuando voy al País Vasco acudo a la cita con la memoria de mis padres en la bella sierra de Urbasa.

A partir de ahí, sin la presencia de mis padres, me adentré en el mundo espiritual en la tradición de Mahayana del maestro Tich Nath Hanh. Ese mismo año formé una sangha con el compromiso de abrir un espacio gratuito de meditación semanal. Había mucho que aprender y de acuerdo con Thay, continúo siendo una simple principiante. Empecé a acudir a retiros, a crear junto con otros compañeros una *jornada de plena consciencia* una vez al mes en Altea, a la que acudían sanghas de Alicante y Valencia, además de las personas interesadas de esta zona. La experiencia fue entrañable; salvando las distancias, la sensación era similar a la que se generaba durante aquellas semanas especiales en Plum Village.

En el 2014 se confirmó la anhelada visita de Tich Nath Hanh a la Península. Antes de que él viniera, ese mismo año, volví a Plum Village. Mi estancia allí coincidió con la visita del Arzobispo de Roma, enviado por el papa Francisco con el fin de invitar a Thay a un encuentro durante el mes de diciembre en Roma, con el propósito de estudiar como erradicar la esclavitud, todavía presente en el mundo. Thay, declinaba siempre ese tipo de propuestas. Un día, en la charla del Dharma, Thay generosamente le cedió el lugar a su invitado para que dirigiera unas palabras a una sala abarrotada de personas de todo el mundo. El contraste entre Thay y el arzobispo era muy evidente. El enviado del papa tenía unas dimensiones corporales enormes y una obesidad evidente. Un crucifijo de plata de gran tamaño colgaba de su cuello. Junto a esta imagen, se encontraba un monje sencillo, delgado y con una estatura mucho menor. Vestido con su atuendo marrón, color de la humildad, pero con una mirada inteligente, viva y profunda.

El discurso del arzobispo resultó extremadamente desafortunado. Su defensa de la existencia literal de un cielo y de un infierno no solo desentonaba con los contenidos del budismo, sino que evidenciaba una desconexión profunda con la esencia de este. Recuerdo con nitidez la serenidad y la claridad con que Thay replicó a esa intervención tan dogmática como anacrónica. Sin confrontación, con la sabiduría que lo caracterizaba, se limitó a decir:
—No existen lugares como el cielo o el infierno. El infierno puede estar "aquí y ahora" y el cielo también puede estar "aquí y ahora".
El intento de llevar a Thich Nhat Hanh a Roma fue infructuoso. El arzobispo participó del círculo en el que me encontraba, en uno de los grupos vespertinos de compartir el dharma. Los cuestionamientos de algunos asistentes –en particular en torno al rol subordinado de la mujer en la Iglesia católica– le provocaron evidente incomodidad.

Finalmente, en otoño de 2014, Thay viajó a Barcelona acompañado por la comunidad monástica de Plum Village. Allí participé, junto a miles de personas, en una emotiva marcha por la paz que recorrió el corazón de la ciudad, una experiencia profundamente conmovedora. Poco después, continuó su itinerario hacia Madrid. Esta etapa del viaje de Thay representaba para mí y para otros compañeros y compañeras del camino, un suceso significativo: después de un tiempo necesario de preparación y seguimiento con un mentor, me encontraba preparada para pasar a formar parte de la Orden del Interser. Este compromiso implicaba recibir los *catorce entrenamientos de la plena consciencia*, que significan un mayor compromiso con la práctica. Una guía muy valiosa y en absoluto dogmática, que compartiré detalladamente en el **Apéndice** de esta obra (pág. 199 y ss.).

La ceremonia de ordenación fue muy sencilla, como son en general los rituales en esta tradición. Cada uno recibió un diploma con el nombre del Dharma. Todos los nombres son muy evocadores y recordatorios de la práctica cotidiana. El que recibí me encantó: "noble silencio en acción". Al mismo tiempo, en la sencilla ceremonia, recibíamos una chaqueta marrón que, nuevamente, nos recordaba el color de la humildad en la Orden del Interser.

Nuestro maestro, sufrió un ictus en diciembre del 2014 y falleció el 22 de enero de 2022. A pesar de permanecer durante este tiempo en silla de ruedas y privado de la palabra debido al accidente cerebrovascular, siempre estuvo presente y atento a la comunidad. Su enseñanzas siguen vivas, no sólo en la comunidad monástica de Plum Village y en la Orden del Interser, sino también en otros monasterios y practicantes del mundo espiritual. Desde entonces continúo practicando con regularidad en la sangha local, participando en jornadas de plena consciencia y, siempre que las circunstancias lo permiten, acudiendo a los retiros organizados por la Orden del Interser. Meditar en una sangha o en un retiro es un apoyo y un refuerzo fundamental para potenciar la plena consciencia. Con el tiempo, también he asumido el rol de mentora. Hace algunos años, acompañé vía online, junto a otros mentores de la Orden, a un grupo de aspirantes de Argentina, Perú y Ecuador en su proceso de aspiración a formar parte de esta familia espiritual, comprometida con la vida y la superación del sufrimiento, entre otras muchas aspiraciones.

Por otra parte, de forma progresiva, fui incorporando breves espacios de atención plena en mi abordaje profesional. Hoy es una práctica habitual y muy bien recibida al inicio de cada grupo formativo: destinamos unos minutos a la respiración consciente y al silencio, para acallar el ruido mental, antes de comenzar cualquier dinámica. He podido observar cómo esta sencilla práctica actúa como una llave sutil: abre las puertas del interior, facilita la conexión con el corazón y permite que las palabras emerjan sin mecanismos defensivos excesivos o las habituales intervenciones desde el juicio o la racionalización.

Existe una profunda confluencia entre la práctica de la consciencia plena en el momento presente y el enfoque psicoterapéutico y preventivo que aplico en mi labor profesional, tanto a nivel individual como grupal. La práctica comprometida de Thay para aliviar el sufrimiento individual y social ha sido una inspiración coincidente en cierta medida, con mi compromiso permanente por las causas sociales. De hecho, convulsionada por la situación crítica que vivimos en la actualidad, rodeados de guerras de cruel intensidad, propuse en la Asamblea de la Orden del Interser la creación de un grupo de *WhatsApp* para abrir un espacio de meditación en silencio, ante tanta destrucción y desolación. Iniciamos en 2023 tras los atentados en Israel y continuamos encontrándonos semanalmente, para aliviar nuestro sufrimiento y generar una energía de paz, tan angustiosamente acuciante para el mundo actual: Gaza, Ucrania, Irán y numerosos conflictos bélicos, requieren hoy del "alto el fuego" inmediato y la creación de un espacio de diálogo y consenso. Es insoportable presenciar en los medios de comunicación la muerte y destrucción de vidas inocentes, por inanición, bombas o destrucción de los derechos humanos esenciales. Sencillamente, es infrahumano.

Soy consciente de que no lograremos sólo con la intención un "alto el fuego". Pero recuerdo un relato que me conmovió y animó a continuar intentándolo, aunque sólo fuera una contribución con un granito de arena:

"Un incendio devastador, devora el bosque. Todos los animales, huyen despavoridos. Salvo uno. Un pajarito de pequeñas dimensiones transporta agua en su pico, de forma incansable, intentando apagar el fuego. Una serpiente que lo observa rompe en carcajadas y tratando de humillarle le escupe: '¿acaso crees, que vas a lograr algo con esa cantidad minúscula de agua en tu pico, para apagar este tremendo incendio?'. 'Lo sé –responde el humilde pajarito–, pero prefiero intentar hacer algo, que mirar pasivamente mientras todo se destruye'."

De la misma manera y siempre que puedo, aunque no esté en consulta, intervengo en escenas cotidianas disfuncionales, desde el respeto a la dinámica familiar. Cuando observo un bebé o criatura roto en llanto por desesperación, no puedo, ni quiero, permanecer callada. Ese bebé no es propiedad privada de nadie, sino un ser vivo que requiere atención y cuidados adecuados. Muchos padres y madres respiran aliviados ante alguna sugerencia precisa que les permite ampliar su consciencia y empatizar con la situación. Otros pocos, de forma narcisista y prepotente, responden reactivamente y sin escucha, como si la función de ser padres les diera derecho a ser crueles, por ignorancia.

Poco se podrá hacer en esta sociedad neurótica, sumergida en el sufrimiento desde siglos, pero las actitudes de pasividad y resignación son cómplices conscientes o inconscientes de la perpetuación de la injusticia y sufrimiento individual y social.

Sé que queda mucho por hacer. Por eso, considero esencial que tomemos consciencia de la necesidad de partir del cambio individual, si deseamos una sociedad más sana para las futuras generaciones. No me cansaré de insistir en la importancia de la formación en diversos ámbitos para salir de la ignorancia. En concreto formación para el conocimiento y respeto a la primera infancia y adolescencia. Este es el primer y fundamental paso para dejar de interferir en los procesos de desarrollo psicoafectivo y fomentar una salud integral más humanizada, sin una estructura caracterial rígida, narcisista, masoquista o resignada, por mencionar algunos rasgos caracteriales.

Siento gratitud, porque realmente mi camino espiritual vino a fusionarse en clara armonía con mi práctica profesional, ampliando sus fronteras sin perder su identidad y rigurosidad. Y desde mi mente, siempre principiante continúo, poco a poco pero sin cesar, intentando ampliar el sendero de la comprensión, la empatía y la compasión hacia el sufrimiento de todos los seres, empezando conmigo misma, y más allá de las dificultades del camino personal y social. En definitiva sabemos que la humanidad, ante todo necesita amor, solidaridad y hermandad, para poder evitar el desarrollo del odio, la codicia y la consecuente destrucción de los valores humanos que desembocan en absurdas guerras y lacerantes negocios armamentísticos.

En realidad, solo existe el amor, es constitutivo de nuestra esencia. El odio, la destrucción, la violencia tan sólo son la consecuencia directa de la frustración cultural y social por la violación al derecho de crecer y vivir con respeto y amor. Cuidar de las heridas de la infancia, sanarlas y favorecer vínculos saludables con naturaleza y la vida es el único camino para la esperanza de la supervivencia humana. Pero saber no es suficiente. La práctica, no solo la teoría, marca el camino de la coherencia y de la confianza.

O no habrá futuro.

Meditar no es huir de la sociedad: es regresar a uno mismo y ver qué está pasando. Una vez que hemos visto, debemos actuar. La plena conciencia nos ayuda a saber qué hacer y qué no hacer a fin de ayudar.

Tich Nath Hanh

Capítulo 11
La irrupción de la pandemia

Transcurría el mes de febrero de 2020. Había planificado durante un tiempo, y con ilusión, un nuevo viaje que prometía la apertura a nuevos horizontes. Este viaje, como era frecuente cada cierto tiempo, incluía como destino el recurrente retorno para visitar el país de mi infancia. Sin embargo, en este caso, el proyecto de viaje se hacía extensible hasta Nueva Zelanda, donde vivía mi querida amiga Aura.

Curiosamente, un similar impulso interno de regresar a Argentina estaba presente en mi padre, aunque no de forma tan constante y durante tantos años como en mi caso. Al poco tiempo de tomar la decisión del regreso familiar al País Vasco, mi padre solía contar que muchas noches soñaba con pisar aquellas tierras lejanas. No era tanto un deseo de volver atrás, como el sueño de recorrer y recordar *in situ* la experiencia expansiva que vivimos como núcleo familiar. Su deseo soñado se hizo realidad en cuanto pude disponer de algo de dinero para sufragar el gasto del viaje. Gracias a este ofrecimiento, mis padres se dispusieron a revivir durante un corto pero intenso mes, ese pasado no tan lejano de sus vidas. Al regreso, mi padre me comunicó que, satisfecho su deseo, los sueños recurrentes desaparecieron, renunciando con facilidad a cualquier viaje posterior.

En mi caso, el motivo inicial era bastante similar, aunque a pesar de los varios viajes, no se saciaba mi necesidad de volver. Cada cierto tiempo, un impulso interno me arrastraba insistentemente, para volver a Córdoba. Sin embargo, esta tendencia reiterada de retornar a Argentina para satisfacer una necesidad inconclusa, consecuencia de la experiencia traumática de desarraigo vivido en la infancia, se interrumpió bruscamente.

Me habían invitado a dar una conferencia en Buenos Aires en el mes de marzo de 2020. Mi intención inicial no incluía la compañía de mi hija. Había insistido muchas veces en que me acompañara en alguno de mis viajes, para mostrarle *in situ* el barrio y la historia de mi infancia. Saioa siempre presentaba excusas o justificaciones para demorar la invitación. Salvo en esa ocasión.

Recuerdo una conversación en la que le compartí la intuición de que se aproximaba una situación compleja, aunque desconocía si se trataba de una amenaza de inestabilidad producida por alguna guerra o respondía a otra condición que ignoraba. Esta intuición me inclinaba a afirmar con cierta certeza, aunque no absoluta, que, quizá, ese iba a ser mi último viaje a Argentina. Y así fue. La situación excepcional que me tocó vivir arrancó totalmente y de raíz cualquier atisbo de deseo oculto para un futuro retorno. Ahí finalizó la recurrente necesidad de regresar a mis orígenes infantiles.

Durante esa misma conversación, Saioa decidió acompañarme. Este giro imprevisto significó cierto estrés en mis planes iniciales, aunque acepté gustosamente su compañía. Su acompañamiento incluía una condición explícita: su estancia no podía ser superior a una semana, porque tenía otros compromisos adquiridos y quería regresar a tiempo. Así iniciamos el viaje en avión, con un programa muy apretado para poder mostrarle los puntos más emblemáticos desde el norte al sur, atravesando por el camino el punto más importante para mí, Córdoba.

Ante los tambores todavía lejanos de una posible epidemia, anunciada indirectamente a finales de febrero, tomé ciertas precauciones y adquirí algunas mascarillas, sin demasiado interés. Ignoraba el alcance y la repercusión de semejante amenaza para el mundo y, máxime, para un país sudamericano.

Esa semana, tal y como habíamos previsto, recorrimos el itinerario habitual turístico: las cataratas de Iguazú, el glaciar de Perito Moreno y otros lugares bellos y distantes. Sin embargo, en nuestra mente permanecía claro el destino de la provincia de Córdoba, incluyendo Capilla del Monte. En una semana subimos y bajamos de varios aviones, hasta que una noche sentí un dolor punzante en el tórax que me impedía respirar, similar a una angina de pecho. Tuvo que asistirme la ambulancia, precisamente cuando íbamos a iniciar el recorrido por Capilla del Monte en compañía de un amigo argentino.

El diagnóstico fue preciso: costocondritis, inflamación del cartílago del esternón y costillas laterales. Según me informaron, era bastante frecuente cuando se sucedían varios viajes aéreos sin ningún descanso. Jamás había escuchado semejante diagnóstico como consecuencia del estrés durante un viaje a pesar de que ya había realizado varias incursiones a la India, Tailandia, África, etcétera. El problema, radicaba en la intensidad de los vuelos repetidos, sin que intermediara el suficiente descanso. Debía realizar reposo. Fue un jarro de agua fría, después de la planificación y el objetivo del viaje. Lo hice relativamente, hasta que mi hija una semana después de recorrer los destinos previstos, tomó el vuelo de regreso. Finalmente, había podido mostrarle mi barrio y algunos vecinos vivos que allí permanecían e, incluso, mi escuelita por dentro, gracias a la amabilidad de la directora.

Después de despedir en el aeropuerto a Saioa, en ese mismo instante, tuve que atender la alteración en mi ritmo cardiaco que se iniciaba de forma incipiente. Derivó rápidamente en una arritmia brutal y me ingresaron con carácter urgente para practicarme una cardioversión que parara las elevadas e indomables pulsaciones. Al mismo tiempo, los rumores de la pandemia se extendían como el aceite. Casualmente, la fecha de mi ingreso hospitalario de urgencia fue el tres de marzo. Las causas y las condiciones de este tres de marzo, si bien eran totalmente diferentes a los trágicos sucesos acontecidos en Vitoria, también implicaban un riesgo vital. En este caso, el peligro inicial se circunscribía a esta repentina arritmia. Sin embargo, no era el único riesgo: también planeaba el inicio de la amenaza de una nube negra ante la alarma generalizada de la pandemia.

Me medicaron. Dejé el hospital con una bradicardia inducida por la medicación, que me limitaba no sólo la agilidad del movimiento corporal, sino también la posibilidad de vocalizar con normalidad. Al salir del hospital, totalmente desorientada por la cardioversión y la elevada medicación, tuve la oportunidad de acudir a la casa de una conocida, en plena etapa de convalecencia. Como consecuencia de lo sucedido, mis planes se trastocaron totalmente. Tuve que renunciar no sólo a impartir la conferencia, sino al maravilloso viaje planificado para visitar Nueva Zelanda.

Mientras, mi hija recibió la noticia de mi estado de salud. Intenté evitar notificárselo personalmente hasta que no tuviera más claro mi futuro inmediato, tanto por mi salud, como por las condiciones que se estaban precipitando. Había decidido no preocuparla a miles de kilómetros, no tenía sentido para mí. Sin embargo, pronto le llegó la información a través de personas muy cercanas y un tanto angustiadas por la situación. Al mismo tiempo, se sucedían las alarmantes noticias sobre un virus considerado letal y se declaraba la emergencia en la península ibérica y en otros puntos de Europa, hasta que se extendió en su totalidad. Las noticias inducían a un miedo paralizante. A tantos kilómetros de distancia, mi único objetivo se centraba en el regreso a Altea, como fuera. Sin embargo, las barreras ante esta urgencia vital eran infranqueables.

Los aeropuertos fueron bloqueados. Toda salida estaba cerrada. Al mismo tiempo, mi salud no mejoraba como consecuencia de una medicación que reducía mis signos vitales. Desde diferentes puntos me llegaban noticias de apoyo, pero ninguna lograba que saliera del país. A medida que pasaba el tiempo, la actitud ante los extranjeros tomó tintes oscuros: se consideraba a los provenientes de Italia o España, agentes directos del contagio del virus que había llegado a Argentina. Cerraron los hoteles.

En las llamadas telefónicas diarias, amistades y familiares me decían que era posible regresar en algún avión repatriado. La realidad era otra: existía un contencioso entre la aerolínea argentina y la española, que se culpaban mutuamente del bloqueo. Cada día la situación empeoraba. Intenté salir desde el aeropuerto de Chile e, incluso, desde Brasil. No había acceso ni vuelos previstos. Durante ese período, mi salud me impedía permanecer en casa de esta conocida que me brindó su hogar. Mi corazón no me permitía subir y bajar las escaleras desde el salón a la habitación y, durante su larga ausencia por motivos laborales, carecía de los mínimos recursos para auto cuidarme. Me urgía encontrar un hotel, de la categoría y emplazamiento que fuera. Hoteles que, una y otra vez, cerraban sus puertas ante las gestiones realizadas por mi hija y amigos, vía telefónica y salvando las enormes distancias. La respuesta, se repetía:

—No es posible, lo sentimos.

Daba igual la categoría del hotel, yo provenía de España y aquel era un origen tabú en esos momentos. La desesperación crecía a medida que las noticias empeoraban.

Finalmente, después de numerosos intentos, mi hija logró que un hotel, a 60 km de Buenos Aires, abriera sus puertas. Al llegar –medio camuflada en un taxi y en silencio, para que el conductor no entrara en paranoia sobre un posible contagio debido a mi procedencia–, me recibió a la entrada el director del hotel. Me pareció un milagro. Muy agradecida, entré en la recepción. Después de unos segundos, me quedé muda cuando me informaron que era la única huésped de todo el establecimiento. Habían cerrado el hotel, como tantos otros, por precaución. El director había atendido la llamada angustiosa de mi hija de forma insistente y, previa reflexión, al final, sintió empatía ante mi situación y accedió a alojarme en secreto.

En ese contexto me anticipó que mi estancia era "clandestina", que tendría que abandonar el hotel en caso de requerimiento policial. Por supuesto que, en mis condiciones, no tenía la capacidad ni la intención de realizar la mínima objeción. Al contrario, mi agradecimiento infinito fue reiterado día a día cuando cada mañana entraba sigilosamente a comprobar que seguía "viva" en aquel pequeño hotelito.

El hotel, de pequeñas dimensiones, resultaba inmenso ante la ausencia total de huéspedes. Me encontraba absolutamente sola, en un hotel cerrado durante el día y la noche. A ratos era sobrecogedor, sobre todo al llegar la oscuridad. Un silencio absoluto reinaba en el hotel, con tan sólo una turista que pernoctaba y despertaba cada día, sin ninguna otra referencia que la visita puntual del director. Su breve visita, me transmitía una preocupación genuina por mi salud, mientras me ofrecía cada día fruta, agua y un *catering* desde el exterior.

Pasaron siete días y siete noches. La incertidumbre se incrementaba con cada llamada que hacía a la Embajada o al Consulado, intentando luchar por la repatriación. Cada día y cada noche, me cuestionaba cómo sobrellevar esta situación tan delicada y adversa.

Me asignaron una persona de seguimiento desde la Embajada, debido a mi estado de salud y a la carencia de control médico. Esos días había recibido una llamada del hospital. Creí que la llamada respondía a un genuino interés humano por mi estado salud. Nada más lejos…
—¿Yolanda González? –me preguntaron, presentándose desde el Hospital donde había sido atendida–. La llamamos porque durante su ingreso hospitalario NO tomamos las medidas de protección necesarias ante el Covid, ya que todavía se ignoraba su alcance –me notificaron claramente nerviosos–.
Efectivamente, el trato hospitalario, había sido cercano y sin la presencia de mascarillas. Y prosiguió:
—¿Se encuentra bien?
—Sí –respondí, con cierta dificultad verbal–. En estos momentos, no es precisamente el Covid lo que me limita, sino que, ante la situación global que estamos viviendo,

yo no puedo regresar a mi país.

No hubo más interacción, ni mayor interés. Debieron respirar aliviados, mientras yo permanecía en un estado de extrema vulnerabilidad. Para mantener la calma y la serenidad, recurría con frecuencia a la meditación que me ayudaban a contactar con mi interior. Miraba con frecuencia la vida de los árboles cercanos. Esta práctica cotidiana me brindaba una tenue y firme luz de esperanza.

En la absoluta soledad del hotel, mientras mi gente luchaba de todas las formas posibles a su alcance para lograr la repatriación ante la Embajada y el Consulado, además de cursar reclamaciones constantes a la compañía Iberia, me planteé con total honestidad, una repentina idea, que quizá podía aliviar o esquivar mínimamente, la impotencia cotidiana. "Ignoro qué va a ser de mi vida, tanto por mi salud actual, como por este virus que desconozco totalmente –reflexioné–. Tampoco puedo prever cuál va a ser mi futuro en este país". Mi diálogo interno, prosiguió: "¿Qué puedo hacer?"

El aislamiento era total y el temor a ser descubierta no favorecía nada mi situación. En ese contexto, de forma inesperada me nació una respuesta: "Voy a escribir." Llevaba el ordenador para presentar la conferencia programada y suspendida en Buenos Aires. Y allí, en esas condiciones, inicié un borrador con tres temas posibles y sus respectivos guiones. Mi cuerpo y mi discurso verbal estaban muy ralentizados por la medicación, pero mi mente, hiperestimulada por tan extraordinaria situación, reclamaba algún tipo de solución y de acción.

Cada mañana, me sentaba en el ordenador a escribir,

con la curiosa determinación que ofrece la inquietud ante un nuevo amanecer totalmente inseguro. No tenía nada que perder.

De los tres guiones que nacieron en ese contexto, uno vio la luz en 2021: *De Crisálida a mariposa. Un abordaje sin miedo en la Adolescencia*. Era mi tercera criatura. Sus antecesores habían sido *Amar sin miedo a malcriar* (2010) y *Educar sin miedo a escuchar* (2015). Así, se completó esta trilogía.

Una mañana, recibí, como siempre, la visita del Director. Su rostro mostraba preocupación y malestar:
—Yolanda, lo siento. La policía nos ha instado a cerrar del hotel. Han detectado tu presencia, ante mis entradas y salidas cotidianas.

La noticia me pilló desprevenida, aunque sabía que era probable, por el avance de las noticias cada vez alarmantes. Lo comprendí perfectamente y con toda mi indescriptible gratitud, tomé mi maleta y el ordenador y subí al taxi que, amablemente, él había solicitado. Volví a la casa de esta persona conocida. Todas las gestiones resultaban infructuosas.

Un día, mi hija me llamó y me dijo:
—Mamá, Iberia propone canjear el billete de avión por un bono. Quizá así puedas salir más fácil.
Acepté la alternativa. No estaba en condiciones de comprobar ni verificar las consecuencias. Era la única opción en ese momento.

Mientras tanto, se sucedían las llamadas del Consulado para preguntarme por mi estado de salud, con mi reiterada respuesta en forma de angustiosa pregunta: "¿Cuándo podré salir de aquí?" Nunca hubo respuesta. La pelota era incansablemente lanzada desde el Consulado a Iberia y desde Iberia a la Embajada.

Intentamos gestionar el bono. Fue una opción desastrosa: ese bono, sólo era canjeable para viajar por Argentina; me impedía volar con el recién anunciado y único vuelo de repatriación. A las 23.50 de la noche anterior al vuelo, decidí llamar a la Embajada. Era improbable que alguien atendiera, pero la desesperación no tenía límite horario.

Ocurrió una de esas casualidades que casi nunca lo son: el secretario se encontraba revisando la documentación de los futuros repatriados. Y yo no estaba en el listado. Expliqué mi situación de salud, el truncado bono y la necesidad de retorno inmediato en ese vuelo. Al otro lado del teléfono, el funcionario insistía que él nada podía gestionar, si Iberia no lo contemplaba. Finalmente, me vino a la memoria la amenaza que una amiga había hecho durante una llamada a la Embajada en Argentina y que me había contado, muy satisfecha de sus atrevidas palabras. Por eso la recordé: "si le pasa algo a esa persona en ese país, se os caerá el pelo, pues es muy conocida en su profesión". En aquel momento sentí vergüenza ante semejante argucia, pero en una situación límite y crítica como esta, me escuché a mí misma verbalizando, sin censura alguna, la misma afirmación. Hubo un silencio.
—La voy a apuntar en lista de espera y vaya mañana a Iberia, a las 6 am.

A las 5 am estaba en el aeropuerto. Las colas eran impresionantes. Pregunté con dificultad si todos tenían billete de repatriación. La respuesta afirmativa me hundió en la indefensión. Busqué una sucursal de Iberia. La habían cerrado hacia tan sólo tres días. Presa de la adrenalina y sin reflexionar, me dirigí a la sala de pilotos del aeropuerto. Llamé a la puerta con determinación inexplicable y, segura, pregunte:

—La embajada me ha apuntado en lista de espera. Quiero saber cuántos somos y si se valora mi estado delicado de salud actual, como prioritario para poder volar hoy.

Con pocos modales, me recordaron que estaba prohibido entrar en esa sala. Yo sentía que, pese a mi vulnerabilidad, nada me detendría. Tenía que ser repatriada como los trescientos pasajeros que esperaban a volar. Llevé el informe hospitalario, aunque tuve la precaución de eliminar una frase condenatoria que me habría impedido salir del país: "contraindicado volar en las primeras semanas después de la cardioversión". Sabía lo que hacía. Era la única opción de regreso viable en esas condiciones, cada vez más graves e incontroladas a nivel mundial. A pesar del informe médico, la respuesta del personal aéreo fue negativa. De pronto y sin dudarlo, sentí como mi endeble voz repetía la amenaza que tanto me avergonzó en su día en boca de esta amiga: "si finalmente me ocurre algo, Iberia será responsable". Nuevamente, la pelota voló a la Embajada y al Consulado. Pero, algo les hizo *clic* y me indicaron que esperara la última de la cola.

Después de dos interminables horas de espera, de pie y con claros síntomas de debilidad y mareo, una persona del aeropuerto me llamó con un tono bastante hostil:

—Vaya a pagar el billete, allí –y, sin mediar palabra, se fue–.

Delante de mí había tres o cuatro pasajeros, que estaban

supuestamente en la lista de espera en la que la noche anterior me había incluido la Embajada para la remota posibilidad de viajar. Resistí como pude hasta obtener mi billete. Con el billete en mi mano, me desplomé.

Un sollozo profundo y reprimido durante más de un mes, se soltó como un torrente sin dique de contención: todo el control sostenido y la tensión acumulada me inundaron sin ningún pudor. Algunos miraban curiosos, otros se acercaban a preguntar: "¿estás bien?" Lo había conseguido. Estaba exhausta, pero feliz. Un treinta de marzo del 2020, regresaba a Madrid. Atrás quedaba la experiencia de Argentina y el cierre total de mi deseo recurrente de acudir a la cita puntual de visitarla cada cinco, siete o diez años. El trauma de separación de mis vínculos infantiles y del desarraigo posterior vivido al llegar al País Vasco había sido sanado ante la emergencia de lo vivido. De pronto, tenía claro dónde quería estar, sin añoranza alguna del pasado infantil.

El vuelo fue inquietante y conmovedor. Todos los pasajeros portaban mascarillas. El silencio era gélido. Nadie pronunciaba ni una palabra.

Una querida amiga de Donosti había decidido reservarme dos noches de hotel en Madrid para que me recuperara, mínimamente, después del estrés añadido. Al llegar, me impactó la tensión y miedo que se respiraban en el aeropuerto. Allí habían dispuesto una silla de ruedas para conducirme hasta el taxi, debido a que estaba muy débil por el exceso de medicación. En los asistentes del aeropuerto observé cierta angustia por la ausencia de mascarillas. A mí me sobraban todas, porque en mi reclusión en Argentina, tanto en la casa como en el hotel, no tuve necesidad de usarlas. De hecho, no había visto la calle desde la salida del hospital. Las ofrecí. El alivio y la gratitud eran evidentes en sus rostros.

Cuando llegué al hotel que mi amiga había dispuesto para que me recuperara, el impacto iba *in crescendo* ante las medidas preventivas adoptadas. Solicité comer algo y durante dos días, se repitió la misma escena: dejaban una bandeja en la puerta con un sándwich y agua. Eso era todo. El regreso en el Ave no fue menos chocante. Nadie en el tren. Era extraño, pero estaba encantada.

Llegué en taxi a Altea y al entrar en mi casa, me pareció un paraíso. Sentir el murmullo de las olas y los inigualables amaneceres me reconfortaron al instante. Era libre, a pesar de las restricciones externas por la cuarentena. Y daba gracias a la vida, por permitirme disfrutar de este maravilloso milagro de continuar aquí, viva, pese a las dificultades. De inmediato, me puse en contacto con el hospital para realizar un seguimiento adecuado y pautar unas dosis más equilibradas.

En poco tiempo abandoné totalmente la medicación, sustituyéndola por algunos controles de revisión cardiológica de carácter preventivo. Todo estaba bien. Sin estrés y en condiciones que consideraba óptimas, me recuperé con mucha facilidad. Había vuelto a nacer. Tuve que esperar un tiempo más para poder abrazar a mi hija y a las personas queridas mientras duró el encierro. Sin embargo, me sentía serena y segura. Me había documentado bastante sobre el Covid 19 y tenía clara mi postura. Consideraba un derecho absoluto que cada uno decidiera, previa información suficiente sobre los pros y contras, acerca de la vacunación; muchas voces la consideraban sin demasiadas garantías, debido a la urgencia de su implantación. Esta urgencia no respetaba los plazos imprescindibles en los protocolos establecidos para la adecuada comprobación de su inocuidad. Por otro lado, por encima de cualquier consideración, mi coherencia interna me invitaba al absoluto respeto por las decisiones ajenas.

No sentí miedo pese al incesante bombardeo de informaciones contradictorias. Había pasado ya por demasiadas situaciones adversas, como para dejarme arrastrar por un miedo que en ocasiones solía volverse irracional. En ese contexto, el sentido común y la calma interior se erigían como guías esenciales para salir del caos. La sangha de meditación, que yo coordinaba antes de la pandemia, continuó sus encuentros semanales, pero utilizando el recurso online. Reconfortaba continuar con esta práctica que tanto nos ayuda a conectar con una serenidad interna, independientemente de los sucesos del mundo loco en el que nos desenvolvemos. Sentía la confianza en la vida, por encima de todo. De acuerdo con una premisa básica del budismo: "Todo pasa. Y esto... también pasará".

Lo agradable y lo desagradable son sensaciones "impermanentes" en nuestra estructura psíquica y emocional. Todo está sujeto al cambio constante, como lo señala la física cuántica. Desde una postura más poética pero igualmente auténtica, la maravillosa canción *Todo cambia*[5], que interpretaba Mercedes Sosa, cobraba todo el sentido. Sin olvidar que la amistad y el amor auténtico son un verdadero refugio ante las adversidades de la vida.

---

[5] N de la E: compuesta por el cantautor chileno Julio Numhauser en 1982, mientras se encontraba en el exilio en Suecia

Capítulo 12
Mi experiencia en la Sanidad Pública

Cuando ya acumulaba una larga práctica clínica y preventiva en el ámbito de la atención privada, lugar en el que creí que iba a continuar mi labor profesional, algo transformó mis planes. Un día recibí la llamada de un amigo, también psicólogo clínico:

—Yolanda, faltan clínicos en la sanidad pública. Por favor, preséntate, que con tu experiencia puedes ayudar mucho a mejorar la calidad de la atención. Me insistió.

Era el mes de agosto, yo estaba de vacaciones y no era el momento oportuno para pensar en trabajo. Sin embargo, su solicitud conectó con una parte de curiosidad profesional que de vez en cuando emergía en mi vida: muchas veces me había interrogado sobre la conveniencia o no de experimentar la labor clínica en un servicio público y poder atender un rango mayor de necesidades.

Lo que me detenía, principalmente, era la calidad de la atención. Conocía las limitaciones en cuanto al tiempo de consulta y su la repercusión en la calidad ofrecida. Por eso, hasta ese momento terminaba por evitarlo. Sin embargo, la insistencia de este buen amigo, a la que se sumó la llamada del jefe de psiquiatría, me hicieron plantearme este salto cualitativo. Lo consideré inicialmente arriesgado pues representaba, si no abandonar, al menos, reducir considerablemente mi labor en los diferentes ámbitos en los que desarrollaba mi profesión hasta ese momento.

Decidí consultar las condiciones horarias y económicas y, sobre todo, cuál sería mi destino. Se trataba de una vacante que me permitiría ser fija y contar con un horario que no me impediría continuar la atención en la privada. También indagué sobre el tiempo de atención a cada paciente. Desde mi perspectiva profesional, disponer del tiempo imprescindible para las consultas era una condición *sine qua non* para aceptar el puesto. Tenía experiencia como paciente en la sanidad pública y me aterrorizaba el escaso tiempo de atención que los médicos cuentan para compatibilizar la escucha de la sintomatología del paciente y escribir la historia clínica, simultáneamente. Sabía que pocos te miran a los ojos cuando atienden en consulta; cuánta presión tienen los profesionales para cumplir con la asignación del número de pacientes diario. Es evidente que falta personal sanitario en todos los ámbitos. Me informaron que las sesiones duraban entre 45 minutos y una hora, tiempo mínimo para ofrecer calidad de escucha y de intervención. Ambas respuestas armonizaban con mis expectativas así que acepté la labor en la sanidad pública como psicóloga clínica en la Unidad de Salud Mental Infantil y Adolescente (USMIA).

La urgencia ante la ausencia de clínicos especializados era tal, que me presionaron para que empezara a primeros de septiembre, fecha que era inviable debido a que ya tenía compromisos previos con mis pacientes y mis grupos. Al final, después de muchas negociaciones, me incorporé el 5 de octubre del 2022, habiendo reducido el número de sesiones a nivel individual para cada paciente, tras un encuadre previamente modificado y adecuado. Afortunadamente, ante este giro inesperado, recibí el apoyo de mis grupos y de mis pacientes, que valoraban que mi aportación profesional sería una oportunidad para mejorar la sanidad pública, en alguna medida.

Antes de incorporarme, sentí la necesidad de acudir de

forma gratuita para aprender los programas oficiales de sanidad pública, imprescindibles para informatizar la atención a pacientes. Era muy consciente de mi escaso interés y mi poca habilidad en los programas informáticos, así que, voluntariamente, destiné algunas horas semanales para aprender los sistemas técnicos necesarios, así como para conocer al equipo en las reuniones de los miércoles. El equipo aceptó, no sin sorpresa, esta propuesta previa de aprendizaje tecnológico: no es habitual que alguien solicite una preparación anticipada y no remunerada con el solo objetivo de poder ejercer adecuadamente la profesión, libre de tensiones tecnológicas.

Ya en aquellos primeros días conocí al equipo interdisciplinario, compuesto por un psicólogo clínico, un trabajador social, una enfermera especializada y dos psiquiatras. Algunas psiquiatras y pediatras que conocían mi currículum por haber tenido algún contacto profesional conmigo habían corrido la voz de mi incorporación en los diversos centros de salud y se había creado una gran expectativa. Sin embargo, yo me mantuve en las reuniones de equipo con mucha discreción, observando con cierta distancia cuál era la dinámica de este grupo de profesionales, así como su abordaje clínico que presentaba ciertas diferencias en relación con mi formación y mi práctica habitual.

Una vez incorporada, comencé a sentir las complicaciones de tener que compatibilizar el horario público con mi actividad en la privada. Tenía muy claro que no iba a abandonar la clínica con mis pacientes ni a mis grupos de madres y padres en el área preventiva, puesto que era una realidad de facto el evidente beneficio para la salud en la interacción más saludable entre madres/padres e hijos/hijas, durante tantos años consecutivos. Tuve que disciplinar mis horarios, pero finalmente encontré una manera viable de continuar todos mis compromisos.

Había oído ya que el equipo especializado de la USMIA era diferente, especial y que el clima profesional se basaba en las cualidades fundamentales de la cooperación y el buen ambiente. Efectivamente, comprobé enseguida que los profesionales que integraban el centro favorecían un clima cordial, humano y sensible. Recuerdo la impresión positiva que tuve la primera mañana cuando vi que a las 11 de la mañana se abrían las puertas y todo el equipo bajaba por las escaleras para disfrutar de un desayuno y compartir con los demás los avatares del día. Tengo un recuerdo maravilloso de aquellos encuentros.

La práctica en la pública con niños, niñas y adolescentes fue muy enriquecedora. El contraste con mi experiencia en la privada fue inmediato. En el sector privado atendía problemáticas vinculares, disfunciones caracteriales, conflictos en la interacción que resultaban del desconocimiento e ignorancia de progenitores que, con un alto grado de compromiso, acudían a la consulta. Es un espacio privilegiado en que la satisfacción de los progenitores es en general elevada debido a la visibilidad de los resultados en la salud mental de la infancia y la adolescencia. El abordaje no responde a una modificación de la conducta de la criatura o adolescente, sino básica y fundamentalmente a un cuestionamiento progresivo de los modelos educativos paternos y de la transmisión intergeneracional de patrones inconscientes, entre otras variables clínicas y preventivas.

En contraste, la atención especializada en la pública

presenta otros parámetros significativos: cada vez que se abría la puerta de la consulta y se presentaba un adolescente o una niña o niño, detrás se desplegaba una historia infantil y familiar a veces muy desestructurada y con frecuencia, una amplia sintomatología reflejo directo de un sufrimiento incipiente o crónico. Empecé a contactar con una realidad que exigía un abordaje más preciso, más urgente, más inmediato, debido a que se presentaban casos con una casuística tan amplia y dura como son las autolesiones, los intentos de suicidio, el maltrato, las violaciones, los casos de centros de menores y otras disfunciones caracteriales y sociales, además de patologías como la anorexia y la bulimia, el TDAH o el autismo, entre otras. Factores sociales y factores clínicos confluían en una misma consulta.

Aunque se sucedieron muchos, recuerdo el primer caso que me impactó. Era un chico boliviano, de 15 años al que llamaré Eloy, de familia muy humilde. Entró junto a sus padres, muy temeroso, con la cabeza extremadamente agachada. No logré que la levantara, hasta que pedí a los padres que salieran. El motivo de consulta era la ideación suicida, detectada a través del centro escolar gracias al aviso de la única amiga que tenía Eloy. Aquel adolescente atemorizado era uno de los muchos que provienen de una cultura autoritaria, negligente y maltratadora como medio de educación normalizada y todavía presente, no solo en los países sudamericanos sino en muchas partes del mundo. Eloy, con mucha dificultad para mantener la mirada, poco a poco empezó a narrar el maltrato sufrido a manos de su padre y el temor por su vida . El progenitor había amenazado con matarlo e incluso lo había intentado, utilizando en el cuello del adolescente su cinturón y generándole cierta asfixia. Después de la intervención en el sistema familiar, en el que el padre reconoció que esas pautas de castigo eran habituales en su país, Eloy volvió a la consulta y entro solo. Su padre había sacado un cuchillo encima de la mesa, después de la primera consulta, afirmando: "si tienes valor, aquí tienes el cuchillo para suicidarte". Y no era el único...: las condiciones socioeconómicas y el bajo nivel cultural eran una constante en estos casos, salvo algunas excepciones.

Finalmente, con mi apoyo centrado en la validación de su sufrimiento y en la desculpabilización de emociones complejas y contradictorias, así como en el derecho a ser tratado con respeto, un día saltó por la ventana del primer piso de su casa, huyendo de una agresión segura, y denunció a sus padres. Esto supuso la activación de varios protocolos y fue trasladado a un centro de menores. Por fortuna, a pesar de los obstáculos, pude mantener la relación vincular iniciada con él; realicé una alianza con la psicóloga del centro, para que permitiera que continuase la atención que había comenzado en la USMIA.

Me di cuenta de la carencia de medios y de formación de los centros de menores que atienden a los adolescentes. La ausencia de formación lleva a que los educadores implementen –como consecuencia de la impotencia que experimentan ante situaciones realmente complejas– estrategias punitivas como medida correctiva a las conductas inadecuadas de los adolescentes. Era evidente que desconocían metodologías adecuadas para la resolución de conflictos. No estaban formados en las estrategias que favorecen la escucha y el abordaje psicosocial y emocional. Se penalizaban las frecuentes conductas inadecuadas de las chicas y chicos que, a su vez, eran la consecuencia directa de la desesperación y la vivencia de desamparo o agresión que sufrían en su hogares de procedencia.

Otros de los adolescentes que atendí llevaban años acudiendo a la USMIA. Era un chico de diecisiete años que textualmente, verbalizó:
—Llevo años viniendo aquí sin ganas... y ahora, en cambio, cuento los días para volver a la consulta.

Los casos de autolesiones eran alarmantes. Y la vivencia normalizada de este tipo de autoagresión, no era menos preocupante. Los cortes se sucedían en los antebrazos, muslos y otras partes del cuerpo. Unos eran más o menos profundos y otros, más superficiales. En la mayoría de las ocasiones, los progenitores conocían las autolesiones, siendo ese el motivo central de consulta. En otras, los adolescentes lo mantenían en secreto o mentían para evitar una reacción adversa en el entorno. Registré un porcentaje significativo de esta problemática, lo suficiente como para sospechar que había cierto mimetismo en la conducta autolesiva. Entonces, decidí indagar sobre la influencia de las redes sociales. A la pregunta "¿cómo y por qué llegaste a autolesionarte?", las respuestas eran en ocasiones evasivas: "no sé", "no lo recuerdo". En otros casos, creado un clima de seguridad en la consulta, emergía con cierta frecuencia la frase: "me lo dijo mi amiga", "lo vi en TikTok". Otra respuesta que se repetía era de naturaleza preventiva: "Prefiero sentir el dolor físico, al dolor emocional". En algunas ocasiones, afirmaban que ya no lo hacían y solicitaban que los padres no recibieran esta información. Por supuesto que la alianza terapéutica con estos adolescentes y el abordaje clínico permitían la adecuada intervención en el sistema familiar para el inicio de resolución del problema.

Por otro lado, llamaba la atención el incremento de trastornos de ansiedad y de sintomatología depresiva en relación con la exacerbada exigencia académica de los adultos. El desconocimiento de esta etapa del desarrollo incrementaba exponencialmente los conflictos parento-filiales como consecuencia de la expectativa adulta.

Las personas con nivel universitario y quienes no tenían formación académica compartían la misma demanda impositiva: calificaciones elevadas. Esta expectativa era habitual en los progenitores con una profesión social-mente considerada escasa y humilde: "esperaban" que sus hijos los superaran, siendo abogados, ingenieros, etc. Por otro lado, los que disponían de una posición acomo-dada proyectaban idéntica exigencia. Este círculo vicioso "exigencia-temor al fracaso" tenía como resultado, con mucha frecuencia, síntomas psicosomáticos que incluían trastornos de ansiedad y conflictos familiares. Recuerdo varios de estos casos de niños y niñas angustiados por no obtener los sobresalientes exigidos. Por nombrar alguno, mencionaré a Paco (nombre ficticio), que acudía a la con-sulta con diversos tics y sintomatología ansiógena. Des-pués de algunas sesiones, el niño se derrumbó al conectar con la ausencia de reconocimiento materno ante el es-fuerzo académico que él realizaba, mientras la madre consideraba que era su obligación. Su angustia y llanto emergieron cuando verbalizó "yo solo quiero que mi ma-dre me quiera y para eso me esfuerzo, sin que lo reco-nozca nunca. Ni una vez me ha dado un abrazo y me ha felicitado".

La frase tópica y a veces irreflexiva, "mi obligación es trabajar, la suya, es estudiar", se repite hasta la saciedad, tanto en la pública como en la privada, sin considerar las consecuencias de una exigencia basada en resultados académicos hipervalorados e ignorando el coste emocional de los trastornos psicológicos. Asimismo, el mensaje social y de las instituciones educativas conlleva la exigencia incuestionable "tienes que sacar buenas notas, si quieres un buen futuro, o no serás nada". De forma manifiesta a veces o, en general, de manera implícita se transmite como salida exitosa los estudios universitarios, infravalorando o considerando de menor valía opciones formativas profesionales. Existe una consideración exagerada de los resultados académicos y se ignora que muchos adolescentes pierden por el camino su autoestima, si no cumplen con dicha expectativa. En numerosas ocasiones, también la alegría de vivir, en cuyo lugar se instalan la apatía y desmotivación que en nada favorecen al desarrollo de su personalidad en formación.

Es fundamental cambiar la percepción y las creencias sobrevaloradas de las calificaciones, si esta exigencia genera ansiedad, desasosiego y malestar en la adolescencia, como es más que evidente. Es obvio que algo no funciona bien, ante tanta sintomatología ansioso-depresiva en esta etapa evolutiva donde solo se potencia lo intelectual en detrimento de la maduración emocional. Algo no funciona bien cuando se ignoran las necesidades de exploración vital, de autoconocimiento, de socialización y de preguntas existenciales sin resolver: quién soy yo, cuál es mi identidad sexual, qué espero de la vida y muchas cuestiones esenciales para la formación de un ser humano, "que no sólo tiene cabeza, sino también corazón", según palabras de Alexander Neill.

Por encima de cualquier consideración o creencia, se encuentra el bienestar integral y el derecho a ser feliz

185

frente a la tiranía de la exigencia académica actual. Formarse es esencial, por supuesto. Pero atendiendo a potencialidades y capacidades individuales, no, a protocolos académicos *standard*, donde la valoración se asigna a un número que oscila entre el suspenso y el sobresaliente y más allá de los objetivos curriculares, se llega a una homogeneización, y por tanto a una "normopatía", como denominaba a esta *standarización* impuesta un profesor de psicopatología que tuve en la facultad. Soy consciente de que este tema es muy complejo. En mi libro *De crisálida a mariposa* lo abordo con mayor profundidad.

Volviendo al caso a Paco, el abordaje con la diada madre-hijo no resultó sencillo debido a la propia historia materna. En muchas ocasiones, la persona que verdaderamente necesita atención psicológica es precisamente el adulto que acude a la consulta presentando al hijo como problema. Este era uno de esos casos. En esta relación, los esfuerzos académicos de este adolescente de 13 años para ser brillante no lograban el resultado deseado. Su madre consideraba que era "normal" que obtuviera altas calificaciones, pero no valoraba que Paco no practicaba en absoluto deportes ni otras actividades lúdicas tan necesarias en esta etapa evolutiva. En consulta señalé que eran esenciales para equilibrar su sistema nervioso y su estado emocional, además de los cambios sustanciales en la relación afectiva madre-hijo, como elementos prioritarios frente a los resultados académicos excelentes pero, patológicamente, tensionales.

Los adultos que solicitan cita se caracterizan por la demanda inicial de eliminar el trastorno conductual o sintomático –en este específico caso el trastorno de ansiedad– sin ninguna reflexión adicional. Idéntica actitud se observa también en los trastornos de conducta o de otra índole clínica. El denominador común es tratar de ignorar el cuestionamiento indispensable de la percepción e interacción familiar o escolar. Este modelo está arraigado en la sociedad donde, ante una dificultad-conflicto, se parte de una lectura unidireccional: la solución básica se centra en la modificación de la conducta del otro, aunque esta perspectiva parcial implique una supresión o represión del síntoma.

Es habitual escuchar –tanto en la sanidad pública como en la privada– "venimos porque mi hijo tiene un problema", asignando, al mismo tiempo que señalando la solución al cambio unilateral y exclusivo de la conducta considerada problemática o inadaptada. Esta demanda, explícita o implícita, presenta una gran dificultad para cuestionar y asumir cierta responsabilidad en la relación diádica: "es el otro el que debe cambiar". Se trata de una premisa básica y rígida que en mi práctica profesional es sustituida, desde el inicio, por otra premisa esencial: "la solución de los conflictos se encuentra en la interacción", sin olvidar el análisis de las causas que aparecen en las historias clínicas. Esta noción despierta ciertas resistencias iniciales pero luego, salvo excepciones, todos los progenitores reconocen las ventajas de implicarse en la transformación de la interacción y la asunción de responsabilidades comunes.

Frente al amplio abanico de casos que acudían a la pública y comprobando el nivel de desorientación y de desconocimiento de los progenitores y tutores, me arriesgué a hacerle una propuesta a la jefa de psiquiatría del hospital general: grupos de madres/padres especializados para tratar de minimizar las sintomatologías, con el objetivo de disminuir la urgencia de atención individual y, como consiguiente, las listas de espera. Afortunadamente, la jefa de psiquiatría era muy sensible y de inmediato la aceptó. Rápidamente iniciamos los grupos de madres y padres cada quince días. Una vez más, comencé a comprobar la eficacia de esta metodología en la mejora de la sintomatología de los adolescentes y la disminución en la crispación e incomprensión de los progenitores en esta etapa evolutiva.

Otros casos clínicos requerían una atención más continuada que no podíamos satisfacer por falta de tiempo. Debíamos derivarlos a un centro concertado, que atendía casos de autismo, anorexia, bulimia y otros diagnósticos.

Un hecho significativo era la evidente diferencia entre los padres y madres que entraban en la consulta habiendo ya asistido al grupo de M/P y aquellos que, por diversas razones, no se habían incorporado. Una de las manifestaciones habituales en la consulta, era la presencia de una sonrisa en el rostro cuando ya habían acudido al grupo de padres y madres, variable del lenguaje corporal ausente en quienes no habían participado de estos grupos. Otro factor interesante era la constatación de la alta motivación y gratitud de quienes ya habían participado de los grupos. Verbalizaban los cambios cualitativos e insospechados en la relación con sus hijos. Como consecuencia, emergía la asunción y el *insight* de que el problema no era del hijo o de la hija, como presentaban al inicio, sino que todo el sistema familiar estaba afectado y requería nuevos ajustes.

A través de cuestionamientos sucesivos de modelos parentales, autoritarios o negligentes, y desde la teoría del apego, pudimos comprobar, junto con la residente que me acompañaba en las sesiones, los cambios innegables y satisfactorios. Los temas eran muy variados: las sesiones no eran directivas, ni respondían a una temática previamente cerrada, sino que respondían a las necesidades *in situ* planteadas a nivel grupal. Los cambios fueron muchos y muy gratificantes, al igual que en el ámbito privado, pero la satisfacción era mucho mayor al crear espacios públicos imprescindibles de "función reflexiva", según la teoría del apego, y de formación en diversas áreas para evitar actitudes nefastas que generan o amplían la patología clínica del niño, la niña o el adolescente.

Por tanto, esta experiencia en la sanidad pública me reafirmó en la urgente necesidad de implementar programas de prevención en todas las instituciones públicas y de forma permanente, no sólo con programas puntuales, sino desde la perspectiva de *continuum*. Sólo un abordaje desde el inicio de la vida, y durante todas la etapas evolutivas, puede evitar psicopatologías diversas, incluida la violencia intrafamiliar y las disfunciones vinculares. Fomentar un apego seguro requiere formación, coherencia y presencia emocional de las figuras principales, cualidades poco frecuentes en nuestra sociedad estresada e informatizada.

Después de un año de mi participación en la pública, comenzamos a experimentar en las consultas mucha presión en las agendas del equipo, debido al incremento de demanda para el centro de especialidades. La salud mental infantil y adolescente se vio muy afectada después de la pandemia, además de otros factores socio-económicos y educativos. Como consecuencia de la presión en la demanda, observamos una disminución de la periodicidad en la atención necesaria por falta de clínicos especializados. La calidad profesional, que hasta entonces habíamos mantenido como equipo, se ponía en riesgo. Conscientes de esta situación, la totalidad del equipo expresamos muchas peticiones formales para aumentar las plazas de clínicos. Gracias a ello, en la actualidad, en la USMIA no sólo hay dos clínicos sino que, afortunadamente, se ha ampliado a tres especialistas en atención clínica. Es incuestionable que hacen falta más profesionales a nivel interdisciplinario, para un ejercicio saludable y satisfactorio de la profesión de toda la sanidad pública.

Además, durante el tiempo que ejercí en la sanidad pública desarrollé varias formaciones en la teoría del apego tanto a médicos residentes MIR como a psicólogos residentes PIR, comprobando, salvo algunas excepciones, las lagunas existentes sobre este paradigma fundamental en el ámbito actual de psicólogos y psiquiatras de la sanidad pública. Pero, por otro lado, cada vez me resultaba más estresante compatibilizar mis horarios del sector público con el privado, por lo tanto, decidí que abandonaría la USMIA en abril de 2024. Me fui con una sensación agridulce, muy satisfecha del trabajo aportado y el encuentro con el equipo profesional y humano del centro de especialidades, si bien, un tanto decepcionada por la ausencia de formación continuada y permanente desde la perspectiva de la orientación de psicología profunda, de la que no todos disponen en la sanidad pública actual.

Agradezco la experiencia, que me ayudó a entrar en contacto con una realidad precaria y dura que no se observa de igual manera en la privada y, también, por haber constatado el privilegio que para mí representa trabajar en la prevención infantil y adolescente para promocionar la salud integral. Mi colega y amigo, psicólogo clínico de la USMIA, continuó con los programas de madres y padres especializados en la sanidad pública, hecho que me llena de alegría y que agradezco como reflejo de la semilla que germinó tras mi paso por el centro de especialidades de la Nucía. Según me compartió recientemente, se encuentra muy satisfecho por la implementación continuada de los grupos especializados de madres/padres y sus resultados en la Sanidad Pública. Considero que esta práctica formativa y preventiva, tan necesaria como eficaz, debería incorporarse en todos los centros de salud del país y en otros ámbitos de infancia y adolescencia.

Mi práctica actual sigue impregnada por una labor social integrativa y preventiva a través de las jornadas que realiza la asociación de la que soy presidenta, APPSI. En forma continuada, gracias a la formación de sus miembros en este paradigma, intentamos difundir y promocionar las bases saludables e imprescindibles para el bienestar de la infancia y de la adolescencia. Estas personas, de gran calidad humana, se han preparado, a su vez, para realizar grupos preventivos de apoyo a la crianza y lactancia de corte gratuito así como grupos de madres y padres especializados, con la base de psicología de orientación profunda, basada en la psicodinámica de W. Reich y la teoría del apego de John Bowlby.

Todos los años realizamos jornadas gratuitas destinadas a crear espacios de reflexión y a promover el cuestionamiento de modelos educativos que perpetúan el malestar, el sufrimiento y la neurosis en la primera infancia y la adolescencia. Nuestra asociación tiene como objetivo fundamental fomentar la salud y la prevención de los trastornos psicoafectivos desde el inicio de la vida,

independientemente de los programas puntuales convencionales que pretenden modificar la conducta desde una
posición adaptativa a la sociedad actual "normópata" e
impregnada de injusticia social, xenofobia y carente de
solidaridad. Para fomentar una sociedad más saludable y
satisfactoria es imprescindible el trabajo interdisciplinario, con formación consistente y continuada, y la mirada
centrada en el respeto y el fomento de la salud infantil y
adolescente, los "futuros adultos del mañana", en palabras de W. Reich.

Reitero y reiteraré: las guerras y la violencia, en todas
sus formas, son el emergente despiadado de la falta de
amor y de respeto, que impregna nuestra dañada especie
humana. Sin embargo, confío, junto con otros profesionales, en que el núcleo de cada ser humano mantiene in-
tactas las potencialidades saludables. Potencialidades que
debemos cuidar y regar desde la primera infancia, para
que florezcan las mejores cualidades humanas. En definitiva, de cada individuo, comunidad y sociedad depende
el cambio de rumbo: abrazar la confianza en la vida y el
amor o deslizarnos hacia el abismo.

Para ir concluyendo este recorrido existencial, *en este
momento presente*, quiero compartir contigo, lectora y
lector, unas últimas reflexiones inacabadas:

Nos urge crear otras bases sociales para el fomento de
la salud, la Paz y el bienestar global. Transformar nuestras percepciones erróneas, crecer y madurar como mujeres y hombres conscientes y responsables, es el único camino viable para trascender el sufrimiento estéril en
nuestras vidas.

La resignación caracterial ("nada puedo hacer"), el silencio cómplice ante las injusticias, individuales o sociales, o la indiferencia autocomplaciente ante el sufrimiento del otro nos alejan inevitablemente del camino del crecimiento personal y espiritual. Nos hunden en la "normopatía", alejándonos de nuestro ser interior y ocultando el sentido de la vida.

Somos seres sociales y, como tales, necesitamos un apego seguro durante nuestra tierna infancia para afrontar los retos de la sociedad, sin perder los valores esenciales y nuestra humanidad. *Sin miedo.* Sin el miedo paralizante, que nos impide transformar las piedras del camino en una oportunidad para Ser, desde la coherencia interna y la autenticidad.

Como seres sociales, también necesitamos un grupo interpersonal de apoyo mutuo y solidario, frente a la apatía y separación que nos enfrenta y daña cuando ignoramos los derechos de nuestros iguales.

La vida, es un regalo precioso. Escurridiza e "impermanente", nos invita a disfrutar de las maravillas de la naturaleza y a la transformación de los estados mentales que nos hunden en el sufrimiento.

Te invito a ser navegante incansable, para sumergirte en sus misterios dentro y fuera de tu existencia.

Te invito a desarrollar la resiliencia frente a la adversidad y a transformar la dificultad, en un inmenso campo de posibilidades a explorar.

Porque la vida, ante todo ES.

Epílogo

Un libro podría no acabarse nunca, mientras el autor continúe con el aliento vital. Una autobiografía podría ser escrita de muchas maneras y todas ellas, es probable, que aporten algún mensaje, alguna experiencia que resuene o haga vibrar alguna nota musical interna: ofrece la oportunidad de aventurarse en las luces y sombras de la historia de cada autor. *Un camino de transformación: mujer y resiliencia* es una invitación a navegar por el mar de las adversidades en cada etapa de la vida, para, finalmente a través del aprendizaje llegar buen puerto. Puerto que, en realidad, no es más que el inicio de una nueva partida hacia otra experiencia vital.

Así es la vida, marcada por el fluir y el cambio continuo, transitando por la incertidumbre existencial que nos acompaña desde la primera respiración. Y menos mal. Afortunadamente, podemos cambiar. No nacemos predeterminados, aunque sí, condicionados por nuestra historia personal y el contexto familiar y social. Durante mi recorrido pude constatar los efectos de los cambios cruciales en mi percepción, cambios producidos por las intensas experiencias vividas, las aportaciones de mi análisis terapéutico personal y, por supuesto, el contacto con la maternidad y las reflexiones sobre la muerte. Todos los pasos que fui dando en mi camino espiritual, todas las etapas de mi recorrido existencial son el tesoro que te comparto en este libro.

Sin duda, hay un ingrediente más en las sucesivas transformaciones: la madurez que aporta la vida. Nacida en el siglo XX en un país marcado por la represión y el machismo, no sin dificultad he atravesado etapas significativas en la búsqueda de una coherencia interna y del anhelo de justicia y libertad. Como mujer, mis relaciones amorosas, como todo en la vida, han dejado en mí su huella de reflexión y aprendizaje.

No me arrepiento de ninguna de las experiencias que tuve en mi juventud, vividas con espíritu curioso y, por supuesto, siempre crítico hacia el mundo patriarcal. Fui protagonista, no espectadora, en una época marcada por el anhelo de reivindicación de la dignidad femenina. Sin ser extremista, nunca fui sumisa en este ámbito interpersonal e íntimo. Más tarde, a partir del análisis personal y la madurez, mi percepción evolucionó, dando espacio a una mayor implicación y entrega afectiva en la pareja. Como fruto de esta transformación, nació el milagro de la vida: el profundo amor incondicional hacia Saioa, a través de una maternidad consciente y responsable.

Creo sinceramente en que es posible aliviar el sufrimiento, a través del análisis terapéutico, las experiencias transformadoras y el camino espiritual. Vivir sin riesgo, es vegetar. La vida nos empuja en ocasiones a superar etapas ancladas en el pasado, iluminarlas desde otro ángulo para darnos la posibilidad de seguir creciendo en consciencia y libertad mental. Nos presenta, cual diáfano espejo, las creencias egoicas que nos dañan y nos alejan de los demás: el color de la piel, la procedencia, la identidad sexual y un largo etc.; hasta que entendemos que tan sólo son manifestaciones hermosas de la diversidad, pues todos y todas, necesitamos de base lo mismo: amor y respeto.

La vida no es fácil para nadie. Muchos seres sufren por estar en un entorno extremadamente cruel, marcados por las guerras o la injusticia social. Otros sobrellevan heridas ocultas desde la infancia, que tiñen sus realidades de un gris oscuro, impregnados por el doloroso sentimiento de la resignación al verse en un callejón sin salida. Sin embargo, y pesar de las piedras en el camino, a modo de conclusión inacabada, deseo compartiros desde mi mundo interior, que *la vida tiene sentido*, siempre que prevalezcan:

- o el cuidado y el respeto a la madre tierra, evitando la destrucción de ecosistemas vitales, también esenciales para nuestra supervivencia
- o la confianza y el respeto interpersonal y social, superando barreras físicas y mentales, que nos separan de nuestra humanidad.
- o la capacidad para conectar con nuestro sentir profundo desde la coherencia interna y el respeto al equilibrio entre el sentimiento, el pensamiento y la acción,
- o la acción consciente y responsable para cambiar lo transformable y aceptar lo inevitable.

Gracias, por acompañarme en este camino de transformación existencial.

Apéndice

Para aquellas personas que deseen conocer esta maravillosa guía, lejos de cualquier dogmatismo o visión sectaria.

Los catorce entrenamientos de la plena consciencia de la Orden del Interser –maestro Tich Nath Hanh[6]– "nos permiten entrar en contacto con la naturaleza del interser de todo lo que existe y comprobar que nuestra felicidad no está separada de la felicidad de los demás seres".

Los catorce entrenamientos de la plena consciencia nos ayudan a cultivar la concentración y la visión profunda que nos liberan del miedo y de la ilusión de separación del resto de los seres.

14 ENTRENAMIENTOS DE LA PLENA CONSCIENCIA

Primer entrenamiento de la plena consciencia:
Apertura

Conscientes del sufrimiento creado por el fanatismo y la intolerancia, tomamos la determinación de no idolatrar o aferrarnos a ninguna doctrina, teoría o ideología, ni siquiera a las budistas. Nos comprometemos a contemplar las enseñanzas budistas como una guía que nos ayude a aprender a mirar profundamente y a desarrollar comprensión y compasión. No son doctrinas por las que luchar, matar o morir. Entendemos que el fanatismo en sus

---

[6] Tich Nath Hanh (1926-2022), maestro zen budista, nació en Vietnam. Líder espiritual mundial, poeta, escritor y reconocido activista por la Paz. Creo el movimiento del "budismo comprometido". Sus enseñanzas, son practicadas por millones de personas.

diversas manifestaciones es el resultado de una percepción discriminatoria y dualista de la realidad. Nos entre-
naremos para mirar todo con apertura y con la visión del
interser, de forma que se pueda transformar el dogmatismo y la violencia en nuestro interior y en el mundo.

Segundo entrenamiento de la plena consciencia:
No apego a los puntos de vista

Conscientes del sufrimiento causado por el apego a los
puntos de vista y a las percepciones erróneas, tomamos la
determinación de evitar la estrechez de miras y el apego a los
puntos de vista actuales. Nos comprometemos a aprender y
practicar el no apego a los puntos de vista personales y a
abrirnos a los puntos de vista y experiencias de otras personas con el fin de beneficiarnos de la sabiduría colectiva.
Somos conscientes de que el conocimiento que poseemos
actualmente no es una verdad absoluta e inmutable. La
sabiduría se revela mediante la práctica de la escucha
compasiva, la mirada profunda y el soltar nuestras nociones, más que a través de la acumulación de conocimientos
intelectuales. La verdad se encuentra en la vida, y por ello
observaremos la vida dentro y a nuestro alrededor en cada
momento, con la intención de aprender a lo largo de toda
nuestra vida.

Tercer entrenamiento de la plena consciencia:
Libertad de pensamiento

Conscientes del sufrimiento originado cuando impo-
nemos nuestros puntos de vista a las demás personas, nos
comprometemos a no forzar a nadie, ni siquiera a nuestros hijos o hijas, a adoptar nuestros puntos de vista, ya
sea con el uso de la autoridad, ya con las amenazas, el

dinero, la propaganda o el adoctrinamiento. Nos comprometemos a respetar el derecho de todas las personas a ser diferentes, a elegir sus propias creencias y a tomar sus propias decisiones. Sin embargo, aprenderemos a ayudarles a renunciar al fanatismo y a la estrechez mental mediante el diálogo compasivo y el habla amorosa.

Cuarto entrenamiento de la plena consciencia:
Consciencia del sufrimiento

Conscientes de que mirar profundamente en la naturaleza de nuestro sufrimiento puede ayudarnos a cultivar comprensión y compasión, tomamos la determinación de volver la mirada a nuestro interior para reconocer, aceptar, abrazar y escuchar nuestro propio sufrimiento con la energía de la plena consciencia. Haremos lo posible para no huir de nuestro sufrimiento o taparlo con el consumismo, sino que practicaremos la respiración consciente y la meditación caminando para mirar profundamente dentro de sus raíces. Sabemos que solo podemos realizar el camino que lleva a la transformación del sufrimiento una vez que comprendamos profundamente sus raíces. Una vez que hayamos comprendido nuestro propio sufrimiento, seremos capaces de comprender el de las demás personas. Nos comprometemos a encontrar vías, incluidos el contacto personal y el uso del teléfono, audiovisuales o cualquier otro medio, para estar con quienes sufren, de modo que podamos ayudarles a transformar su sufrimiento en compasión, paz y alegría.

Quinto entrenamiento de la plena consciencia:
Vida sana y compasiva

Conscientes de que la verdadera felicidad tiene sus

raíces en la paz, la solidez, la libertad y la compasión, tomamos la determinación de no acumular bienes mientras millones de personas pasan hambre y mueren, ni a considerar como el propósito de nuestras vidas la fama, el poder, la riqueza o los placeres sensuales, que pueden traer mucho sufrimiento y desesperación. Practicaremos la mirada profunda en la forma como nutrimos nuestro cuerpo y mente con alimentos comestibles, impresiones sensoriales, volición y consciencia. Nos comprometemos a no consumir alcohol, drogas ni ninguna otra sustancia que introduzca toxinas tanto en nuestro cuerpo como en el cuerpo y la consciencia colectivos, como ciertos juegos electrónicos, apuestas, páginas web, programas de televisión, películas, revistas, libros y conversaciones. Consumiremos de forma que se preserve la compasión, la alegría y el bienestar tanto en nuestro cuerpo y consciencia como en el cuerpo y consciencia de nuestras familias, la sociedad y la Tierra.

Sexto entrenamiento de la plena consciencia:
Cuidar la ira

Conscientes de que la ira bloquea la comunicación y crea sufrimiento, nos comprometemos a cuidar la energía de nuestra ira cada vez que surja, y a reconocer y transformar las semillas de la ira que yacen en las profundidades de nuestra consciencia. Cuando se manifieste la ira, nos comprometemos a no hacer ni decir nada, sino que practicaremos la respiración consciente o la meditación caminando para reconocer, abrazar y mirar profundamente dentro de nuestra ira. Sabemos que las raíces de nuestra ira no están fuera de nuestro interior, sino que se encuentran en nuestras percepciones erróneas y en la falta de comprensión de nuestro sufrimiento y el de las demás personas. Al contemplar la impermanencia, seremos capaces de mirar con ojos de compasión tanto a nosotros y nosotras mismas como a quienes pensamos que son la causa de nuestra ira, y podremos reconocer la riqueza y el valor de nuestras relaciones. Practicaremos la diligencia correcta para nutrir nuestra capacidad de comprensión, amor, alegría e inclusividad; así transformaremos gradualmente nuestra ira, violencia y miedo, y ayudaremos a las demás personas a hacer lo mismo.

Séptimo entrenamiento de la plena consciencia:
Vivir felices en el momento presente

Conscientes de que la vida solo está disponible en el momento presente, nos comprometemos a entrenarnos para vivir en profundidad cada momento de nuestra vida diaria. Intentaremos no perdernos en la dispersión y no dejarnos arrastrar por recuerdos del pasado, preocupaciones del futuro, anhelos, odios y celos en el presente. Practicaremos la respiración consciente para ser conscientes de lo que sucede en el aquí y ahora. Nos comprometemos a aprender el arte de la vida consciente tomando contacto con los elementos maravillosos, refrescantes y saludables que existen en nuestro interior y alrededor en todas las situaciones. De esta forma, seremos capaces de cultivar las semillas de la alegría, paz, amor y comprensión en nuestro interior, facilitando así el trabajo de transformación y sanación en nuestra consciencia. Somos conscientes de que la verdadera felicidad depende principalmente de nuestra actitud mental y no de condiciones externas, y de que podemos vivir felizmente en el momento presente simplemente recordando que ya tenemos condiciones más que suficientes para ser felices.

Octavo entrenamiento de la plena consciencia:
Verdadera comunidad y comunicación

Conscientes de que la falta de comunicación siempre conlleva separación y sufrimiento, nos comprometemos a entrenarnos en la práctica de la escucha compasiva y el habla amorosa. Sabiendo que una verdadera comunidad tiene sus raíces en la inclusividad y en la práctica concreta de ver, pensar y hablar con armonía, practicaremos el compartir nuestra comprensión y experiencias con nuestra comunidad para alcanzar una visión profunda colectiva. Nos comprometemos a aprender a escuchar profundamente sin juzgar ni reaccionar. Nos abstendremos de usar palabras que puedan crear discordia o provocar ruptura en la comunidad. Siempre que surjan dificultades tomaremos refugio en nuestra sangha y practicaremos la mirada profunda en nuestro interior y en el de las demás personas para reconocer todas las causas y condiciones, incluida nuestra propia energía de hábito, que han originado dichas dificultades. Nos responsabilizaremos de toda nuestra contribución en el desarrollo del conflicto y mantendremos la comunicación abierta. No nos comportaremos como víctimas, sino que activamente buscaremos caminos para la reconciliación y resolución de todos los conflictos, incluidos los pequeños.

Noveno entrenamiento de la plena consciencia:
Habla amorosa y veraz

Conscientes de que las palabras pueden crear felicidad o sufrimiento, nos comprometemos a aprender a hablar con la verdad, con amor y de forma constructiva. Usaremos solo palabras que inspiren alegría, confianza y esperanza, de modo que promuevan la reconciliación y la paz en nuestro interior y entre las demás personas. Hablaremos y escucharemos de modo que podamos ayudarnos y ayudar a las demás personas a transformar el sufrimiento y a encontrar salidas a las situaciones difíciles. Nos comprometemos a no mentir en interés propio o para impresionar a la gente, ni a pronunciar palabras que puedan causar división o generen odio. Protegeremos la alegría y armonía de nuestra sangha absteniéndonos de hablar acerca de las faltas de otras personas en su ausencia y siempre nos preguntaremos si nuestras percepciones son correctas. Hablaremos siempre con la intención de comprender y ayudar a transformar la situación. No propagaremos rumores ni criticaremos o condenaremos cosas de las que no tengamos certeza. Haremos todo lo posible para denunciar situaciones de injusticia, incluso si al hacerlo nuestra seguridad se viera amenazada o nos creara dificultades.

Décimo entrenamiento de la plena consciencia:
Proteger y nutrir la sangha

Conscientes de que la esencia y el alma de una sangha es la realización de la comprensión y la compasión, nos comprometemos a no usar nuestra comunidad budista para obtener poder o beneficio personal, ni a transformarla en un instrumento político. Sin embargo, como miembros de una comunidad espiritual, debemos tomar una postura clara contra la opresión y la injusticia. Debemos esforzarnos por cambiar la situación sin tomar partido por ninguna de las partes. Nos comprometemos a mirar con los ojos del interser, y a aprender a vernos y a ver a las demás personas como células del cuerpo de la sangha. Como verdaderas células del cuerpo de la sangha, somos también células en el cuerpo de Buda al generar plena consciencia, concentración y visión profunda para nutrirnos y nutrir a toda la comunidad. Seremos activos/as en la construcción de la hermandad, fluiremos como un río y practicaremos para desarrollar los tres poderes verdaderos (comprensión, amor y capacidad de cortar con las aflicciones) para llevar a cabo el despertar colectivo.

Decimoprimer entrenamiento de la plena consciencia: **Forma de vida correcta**

Conscientes de la gran violencia e injusticia que han sufrido nuestro medio ambiente y sociedad, nos comprometemos a no vivir de una profesión dañina para los seres humanos y la naturaleza. Haremos lo posible para elegir un modo de vida que contribuya al bienestar de todas las especies de la Tierra y que ayude a realizar nuestro ideal de comprensión y compasión. Conscientes de la situación social, política y económica del mundo, así como de nuestra interrelación con el ecosistema, nos comprometemos a comportarnos y consumir de forma responsable, y a no invertir o comprar en empresas que contribuyan al agotamiento de los recursos naturales, dañen la Tierra y priven a otros seres de vivir.

Decimosegundo entrenamiento de la plena consciencia: **Reverencia a la vida**

Conscientes del enorme sufrimiento causado por la guerra y los conflictos, nos comprometemos a cultivar la no violencia, la compasión y la visión profunda del interser en nuestra vida diaria. Trabajaremos para promover la educación en la paz, la mediación consciente y la reconciliación en las familias, comunidades, naciones, grupos étnicos, religiosos y en el mundo. Nos comprometemos a no matar y a no permitir que otras personas maten. No apoyaremos ningún acto de violencia en el mundo, en nuestro pensamiento o en nuestra forma de vida. Practicaremos diligentemente con nuestra sangha la visión profunda para descubrir los mejores medios de proteger la vida, prevenir las guerras y construir la paz.

Decimotercer entrenamiento de la plena consciencia: Generosidad

Conscientes del sufrimiento causado por la explotación, la injusticia social, el robo y la opresión, nos comprometemos a cultivar la generosidad en nuestra manera de pensar, hablar y actuar. Practicaremos la bondad amorosa trabajando por el bienestar de las personas, animales, plantas y minerales, y practicaremos la generosidad compartiendo nuestro tiempo, energía y recursos materiales con quienes lo necesiten. Nos comprometemos a no robar y a no poseer nada que deba pertenecer a otras personas. Respetaremos la propiedad ajena, e intentaremos evitar que nadie se beneficie del sufrimiento humano o del sufrimiento de otros seres.

Decimocuarto entrenamiento de la plena consciencia: Amor verdadero

Conscientes de que el deseo sexual no es amor y de que las relaciones sexuales motivadas solo por el deseo no pueden disipar el sentimiento de soledad, sino que contribuyen a crear más sufrimiento, frustración y soledad, nos comprometemos a no involucrarnos en relaciones sexuales sin un entendimiento mutuo, sin amor y sin un profundo compromiso a largo plazo. Nos proponemos encontrar apoyo espiritual en familiares, amigos y miembros de la sangha en quienes confiemos para preservar la integridad de nuestras relaciones. Sabemos que para preservar nuestra felicidad y la de las demás personas debemos respetar nuestros compromisos y los suyos. Reconociendo la diversidad de la experiencia humana, nos comprometemos a no discriminar ninguna identidad de género ni orientación sexual. Viendo que la mente y el cuerpo están interrelacionados, nos comprometemos a aprender formas apropiadas de cuidar de nuestra energía sexual y a cultivar la bondad amorosa, la compasión, la alegría y la inclusividad, para nuestra propia felicidad y la de las demás personas. Debemos ser conscientes del sufrimiento futuro que nuestras relaciones sexuales pueden llegar a ocasionar. Trataremos nuestros cuerpos con compasión y respeto. Haremos todo lo posible para proteger a los niños y niñas del abuso sexual y para evitar que las familias y parejas se rompan a causa de un comportamiento sexual inadecuado. Seremos plenamente conscientes de la responsabilidad de traer nuevas vidas al mundo y meditaremos regularmente sobre su medio ambiente futuro. Nos comprometemos a mirar profundamente en las cuatro clases de nutrientes y a aprender formas de preservar y canalizar nuestras energías vitales (sexual, respiratoria y espiritual) para la realización de nuestro ideal de Bodhisattvas.

¿Hemos hecho un esfuerzo para estudiarlo, practicarlo y observarlo durante el último mes? (Tres respiraciones)

Índice